¿Qué pasa
en mi cuerpo?
El libro para muchachas

OTROS LIBROS POR LYNDA MADARAS

Ready, Set, Grow!
A *"WHAT'S HAPPENING TO MY BODY?"* BOOK FOR YOUNGER GIRLS

My Body, My Self for Girls
AND AREA MADARAS

My Body, My Self for Boys
AND AREA MADARAS

My Feelings, My Self for Girls
AND AREA MADARAS

The "What's Happening to My Body?" Book for Boys
WITH AREA MADARAS
(Also available in Spanish)

Lynda Madaras Talks to Teens About AIDS: An Essential Guide for Parents, Teachers, and Young People

Womancare: A Gynecological Guide to Your Body
WITH JANE PATTERSON, M.D.

Woman Doctor: The Education of Jane Patterson, M.D.
WITH JANE PATTERSON, M.D.

Great Expectations
WITH LEIGH ADAMS

The Alphabet Connection
WITH PAM PALEWICZ-ROUSSEAU

Child's Play

¿Qué pasa en mi cuerpo?
El libro para muchachas

LYNDA MADARAS
CON AREA MADARAS
ILUSTRACIONES POR SIMON SULLIVAN

NEWMARKET PRESS ♞ NEW YORK

ISBN: 978-1-55704-939-1

Library of Congress Cataloging-in-Publication Data

Madaras, Lynda.

¿Que pasa en mi cuerpo? El libro para muchachas (The what's happening to my body? book for girls / Lynda Madaras, with Area Madaras ; drawings by Simon Sullivan. — 3rd rev. ed.)

p. cm.

Includes bibliographical references and index.

1. Teenage girls—Growth—Juvenile literature. 2. Teenage girls—Physiology—Juvenile literature. 3. Puberty—Juvenile literature. 4. Sex instruction for girls—Juvenile literature. I. Madaras, Area. II. Sullivan, Simon, ill. III. Title.

RJ144.M3 2007
613.9'55—dc22

2007009862

Diseño del libro por Kris Tobiassen

ADQUISICIONES EN GRANDES CANTIDADES

Ciertas empresas, grupos profesionales, clubes y otras organizaciones posiblemente puedan obtener condiciones especiales cuando ordenen grandes cantidades de este libro. Para mayor información, comuníquese con Newmarket Press, Special Sales Department, 18 East 48th Street, New York, NY 10017; teléfono 212-832-3575; fax 212-832-3629, o correo electrónico sales@newmarketpress.com.

www.newmarketpress.com

Producido en Estados Unidos de América

9 8 7 6 5 4 3 2 1

CONTENIDO

3. EL VELLO PÚBICO Y OTROS CAMBIOS "ALLÍ ABAJO" 59

5. VELLO CORPORAL, TRASPIRACIÓN, GRANOS Y OTROS CAMBIOS

6. LOS ÓRGANOS REPRODUCTIVOS Y EL CICLO MENSTRUAL ... 127

9. SENTIMIENTOS ROMÁNTICOS Y SEXUALES

LISTA DE ILUSTRACIONES

EN MEMORIA DE
YVONNE PINTO,
1968–1999

PRÓLOGO
por Marcia E. Herman-Giddens, PA, DrPH

La pubertad es un momento emocionante pero difícil y complejo, no sólo para los jóvenes que pasan por ella, sino también para sus padres. El libro de Lynda Madaras, *¿Qué pasa en mi cuerpo? El libro para muchachas,* presenta información detallada, abierta y adecuada para las adolescentes sobre todo lo que tiene que ver con la pubertad, desde los aspectos físicos de procesos biológicos y cómo escoger los productos apropiados para la "protección durante la menstruación" hasta temas sociales como el acoso sexual y la anorexia. No sólo les dice a las muchachas lo que necesitan saber, sino que servirá de herramienta de comunicación entre ellas y sus padres. Aunque nuestra cultura nos rodea de imágenes sexuales, lo que incluye sexualizar a niños para vender productos, a menudo se nos hace difícil y nos sentimos incómodos cuando se trata de hablar sobre la pubertad y sexualidad con nuestros propios hijos, especialmente ahora que las muchachas están comenzando a desarrollarse más jóvenes que en el pasado.

Los padres también se beneficiarán de leer el libro, especialmente la Introducción, donde aprenderán nuevas maneras de hablar sobre la pubertad con sus hijas. *¿Qué pasa en mi cuerpo?* es tan detallado que los propios padres aprenderán mucho. Las muchachas apreciarán en especial la forma de hablar directa y sensata, y la desmitificación de las funciones y el desarrollo sexual masculino y femenino. Las preguntas de muchachas de la vida real en cada capítulo ayudan a que las respuestas sean personales para cada lector.

Este libro es particularmente bienvenido, dados los confusos mensajes sobre la sexualidad que envía nuestra cultura y la mayor prevalencia y peligro de las más recientes enfermedades trasmitidas sexualmente, dos circunstancias que se presentan simultáneamente justo cuando muchas escuelas se resisten más que nunca a la educación sexual. Además, el acceso a información exacta es esencial para los jóvenes de la actualidad porque las medidas de protección social que existían para los muchachos en el pasado, en gran parte, han desaparecido.

En vez del manto de vergüenza y secreto que a menudo ha acompañado a las funciones y el desarrollo sexual femenino, este libro lo realza y promueve la idea de que cada muchacha planee un rito de pubertad para celebrar que se ha hecho mujer. ¡Maravilloso! Espero que esto se vuelva habitual en todas partes. Toda muchacha y sus padres se beneficiarán de este extraordinario libro.

MARCIA E. HERMAN-GIDDENS, PA, DRPH
Profesora adjunta de salud materno-infantil
Facultad de Salud Pública
Universidad de Carolina del Norte, Chapel Hill

INTRODUCCIÓN PARA LOS PADRES

Mi hija tenía alrededor de nueve o diez años cuando tuvo su iniciación en el feo mundo de los tejes y manejes del patio de recreo y las crueles bromas que las niñas se gastan unas a otras. Llegaba a casa de la escuela hecha un mar de lágrimas; la niña que había sido su mejor amiga ahora era la aliada más cercana de otra muchachita; la habían excluido de una fiesta de pijamas o había sido la víctima de otro desaire calculado de colegiala. Lloraba como una magdalena. Yo no sabía qué decir.

Sucedió durante varios meses. Y luego, finalmente comencé a darme cuenta de que a poco de secarse las lágrimas, la oía hablando por teléfono, chismeando maliciosamente sobre alguna otra chica que había sido su amiga en el pasado y afianzando una nueva amistad al conspirar para excluir a esa muchacha. Eso me indignaba y comencé a señalar lo contradictoria que era su conducta.

"¡No me entiendes!" gritaba corriendo hacia su habitación antes de tirar la puerta.

Estaba en lo cierto. No entendía. De vez en cuando, hablaba con otras madres. Todas estábamos igual de confundidas. ¿Por qué nuestras hijas estaban actuando así? Ninguna de nosotras tenía respuestas.

"Bueno, las muchachas son así", suspiró una madre filosóficamente. "Todas lo hacen, y nosotras hacíamos lo mismo cuando teníamos su edad".

Los jueguitos a los que nos sometíamos unas a las otras no eran muy simpáticos. La exclusión era una forma básica de operar. Se designaba como víctima a una muchacha dada, por cometer el delito de ser la más inteligente, bella, fea, tonta, más desarrollada sexualmente o lo que sea. El grupo la ignoraba y la excluía por completo.

Encima, había una tensión cada vez mayor entre mi hija y yo. Ella estaba muy temperamental y siempre parecía estar molesta conmigo. Y a menudo, yo estaba más molesta con ella. Por supuesto que siempre habíamos reñido, pero ahora los pleitos eran casi constantes. Todo esto me mortificaba muchísimo, pero incluso más perturbador era su cambio de actitud sobre su cuerpo. A diferencia del tímido asombro con el que recibió sus primeros vellos púbicos, ahora se horrorizaba totalmente ante la idea de que le salieran senos y de tener la menstruación por primera vez. Como la mayoría de las madres "modernas", yo quería que cuando mi hija hiciera la transición de niña a mujer, se sintiera cómoda, incluso contenta. Mi intención había sido proporcionarle toda la información necesaria de manera franca y directa. Pero ahora mi hija me estaba diciendo que no quería que le salieran senos ni que le viniera la regla. Le pregunté por qué, pero la respuesta que recibí se limitó a poco más que "porque no quiero".

Claramente, algo andaba mal. Pensé que había puesto toda la información necesaria a su disposición de la manera más moderna, pero los resultados que anticipaba —una actitud sana y positiva hacia su cuerpo— no se habían hecho realidad.

Finalmente, comencé a darme cuenta de que no le había dado a mi hija toda la información que pensaba. No le había hablado sobre la menstruación y los cambios que tendrían lugar en su cuerpo durante los años siguientes. Ella me había visto cambiarme el tampón en el baño, y yo le había lanzado una explicación rápida sobre los periodos menstruales, pero nunca me había sentado realmente a conversar sobre el tema con ella. Le había leído muchos libros maravillosos para niños que explican la concepción, el nacimiento y la sexualidad, pero nunca le había leído uno sobre la menstruación. Obviamente, era hora de hacerlo.

A través de la historia, en una cultura tras otra, la menstruación ha sido un tema tabú. El tabú ha cobrado muchas formas: no se debía comer alimentos preparados por una mujer mientras menstruaba; tocar objetos que había tocado; mirarla a los ojos, tener relaciones sexuales con ella. Ya no creemos en estas supersticiones, pero el tabú menstrual sigue muy presente.

Por supuesto que ya no se nos aparta mensualmente en cabañas menstruales, como se hacía con nuestros antepasados en las sociedades más primitivas. Pero gracias a siglos de acondicionamiento, hemos internalizado tan completamente el tabú menstrual que simplemente no es necesario seguir incomodándose con cabañas menstruales. Eliminamos cualquier presencia o mención perturbadora de la menstruación al evitar, como damas, cualquier conversación pública sobre el tema y al envolver meticulosamente como una momia nuestras toallas higiénicas y tampones ensangrentados. Nuestro silencio es tan completo que a veces nosotras mismas no estamos conscientes de él.

Durante mi investigación sobre la pubertad, he aprendido bastante sobre los procesos fisiológicos de la menstruación. Pero también me he dado cuenta de que tenía una serie de actitudes negativas sobre la menstruación y que ni siquiera estaba consciente de algunas de ellas. Si hablaba con mi hija sobre la menstruación, podía usar las palabras adecuadas, pero ¿mi lenguaje corporal o tono de voz traicionaban el mensaje que quería trasmitir?

Me preocupé sobre todo esto por mucho tiempo, hasta que me sorprendí con la solución obvia: simplemente le había explicado a mi hija que cuando yo era chica la gente pensaba que la menstruación era algo impuro e inmencionable. Ahora que era mayor y más sabia, mis actitudes habían cambiado, pero algunos de los sentimientos que tenía eran antiguos, los tenía desde hacía tiempo —toda mi vida, de hecho— y se me hacía difícil librarme de ellos. A veces todavía se interponían en mi camino, sin que siquiera lo supiera. Esto, por supuesto, tenía mucho sentido para mi hija, y desde este punto de partida, comenzamos a aprender sobre nuestro cuerpo juntas.

Hablé con mi hija acerca de lo que había averiguado sobre cómo funciona el ciclo menstrual. Le mostré unas fotografías magníficas tomadas dentro del cuerpo de una mujer en el preciso momento de la ovulación, cuando las delicadas protuberancias al final de las trompas de Falopio creaban un puente para que pase el óvulo maduro.

La madre de una amiga nos dio su fabulosa colección de folletos de un fabricante de toallas higiénicas que se remontaban treinta años. Los leímos juntas, riéndonos sobre las actitudes anticuadas con las cuales yo había crecido. Le prometí a mi hija que cuando comenzara a menstruar, le daría el anillo de ópalo que siempre llevaba en la mano izquierda, y ella, a su vez, se la daría a su hija.

Un día, mientras escribía a máquina, oí a mi hija gritar desde el baño: "Oye, mamá, tengo veintiuno de ¿adivina qué?".

Teníamos una gata embarazada en ese momento, y por unos momentos, tras imaginarme veintiún gatitos, me quedé aturdida. Pero no eran gatitos. Mi hija había reanudado su conteo de vellos púbicos.

El tiempo que habíamos pasado aprendiendo sobre la menstruación y la pubertad habían rendido frutos. Mi hija nuevamente sentía emoción sobre los cambios que estaban teniendo lugar en su cuerpo. Esta sana actitud con respecto a su cuerpo de por sí hacía que nuestras conversaciones hubieran valido la pena, pero también había habido otros cambios. Para comenzar, las cosas entre nosotras mejoraron mucho. Nuevamente teníamos la buena y fácil relación de antes. No comenzó a ordenar su habitación de buenas a primeras ni nada de eso. Todavía teníamos pleitos, pero disminuyeron a un nivel más fácil de sobrellevar. Y cuando teníamos altercados, por lo menos estábamos riñendo sobre las cosas de las que decíamos que estábamos riñendo. El resentimiento y la tensión subyacentes que habían brotado a la superficie durante nuestros desacuerdos más ligeros habían desaparecido.

Pero el cambio más asombroso, quizá porque fue tan imprevisto, fue que el papel de mi hija en las intrigas del recreo había comenzado a cambiar. En *My Mother, My Self,* Nancy Friday propone que si una madre no encara de frente el inicio de la sexualidad de su hija, si guarda silencio sobre la menstruación y los cambios en el cuerpo de la hija, esto es percibido por la hija como un rechazo del aspecto femenino y sexual de ésta.

Este rechazo silencioso de estos elementos esenciales del ser, que suceden precisamente en el momento de la vida de la hija en que estos mismos aspectos de la femineidad y sexualidad se manifiestan en los cambios físicos de su cuerpo, es nada menos que devastador. La hija se siente abrumadoramente rechazada por la figura con la que más se identifica en la vida. Una de las maneras en que la hija trata de afrontarlo, de lograr algún tipo de control sobre su vida emocional, es por medio de los sicodramas de rechazo que tiene continuamente con sus compañeras.

Creo que mi hija percibió la atención que le prestaba a los cambios que estaban teniendo lugar en su cuerpo como una aceptación de su ser sexual y esto, a su vez, disminuyó la necesidad que tenía de participar en estos sicodramas escolares de rechazo.

No quiero llegar al extremo de prometerles que si le dedica un tiempo a enseñarle a su hija sobre la menstruación y los otros cambios físicos de la pubertad, la salvará mágicamente de los sicodramas de la pubertad o automáticamente eliminará la tensión que a menudo existe entre padres y sus hijas adolescentes. Pero la experiencia con mi propia hija —y posteriormente como maestra de clases sobre la pubertad y sexualidad para adolescentes y preadolescentes— me han convencido de que las muchachas de esta edad necesitan y quieren mucha información sobre lo que les está sucediendo en este momento de su vida.

Más allá de proporcionar datos básicos, espero que este libro ayude a los padres de familia e hijas a superar la "barrera de la vergüenza". Lo ideal, en mi opinión, sería que padres y madres se sienten a leerlo con sus hijas. De alguna manera, tener la información impresa en una página hace que cause menos vergüenza, pues es otro el que lo dice, no usted; usted simplemente está leyendo la información.

Por supuesto que no es necesario que ambos padres lean el libro con su hija. Cualquiera de los dos puede escoger hacerlo, o quizá sea mejor en su situación en particular que usted simplemente le dé el libro a su hija para que lo lea sola.

Independientemente de si lo leen juntos o separados, espero que encuentre la manera de hablar con su hija sobre los cambios por los que su cuerpo está pasando o pasará pronto. Las muchachas a menudo tienen inquietudes detalladas sobre estos cambios. Los adolescentes de esta edad necesitan que se les tranquilice constantemente que lo que les está pasando es perfectamente normal.

Según mi experiencia, las muchachas están sumamente agradecidas cuando se les tranquiliza. Es más, he tenido clases en las que los jóvenes comenzaron a aplaudir espontáneamente cuando entré al salón. También tengo varias gavetas de archivador repletas de cartas conmovedoras de lectores que me agradecen por haber disipado algún temor o duda suya.

Las adolescentes no sólo agradecen cuando se satisface su necesidad de que se les tranquilice de esa manera, sino que también desarrollan un profundo respeto y confianza en la fuente de esa tranquilidad. Los padres deben darse cuenta del poderoso vínculo que pueden forjar con sus hijas si "están a la mano" mientras pasan por la pubertad, ni mencionar lo bueno que serán para todos los involucrados la confianza y respeto consiguientes en años posteriores cuando su hija enfrente decisiones sobre relaciones sexuales. Si se presta a las preguntas de su hija adolescente cuando las tenga, es más probable que ella recurra a usted para pedirle consejos al tomar decisiones al respecto.

Dicho esto, también debo advertirle que incluso después de que su hija haya leído el libro, hablarle sobre los cambios de la pubertad quizá no sea lo más fácil del mundo. Si lo hace de frente, haciéndole una pregunta directa —"¿Qué te pareció el libro?" o "¿Hay algo en el libro de lo que quieras hablar?"— es probable que le conteste algo como, "Bien" o "No, no hay dada que quiera saber" o "No quiero hablar sobre esas cosas". Según mi propia experiencia, es mejor usar una estrategia un poco diferente. Comience a hablar sobre sus propias experiencias durante la pubertad. Cuéntele sobre algo vergonzoso o tonto que le haya sucedido.

Al usar este enfoque, hace que sea más fácil que su hija adolescente se sincere con usted. Con el relato tonto o vergonzoso que le cuente sobre usted mismo, le comunicará que no tiene nada de malo tener incertidumbres y que está bien no saberlo todo perfectamente con respecto a este tema.

Más consejos: evite tener una "conversación" que cubra todo propósito. No cumplirá con el cometido, por más que trate. Es mejor hacer las cosas de manera casual y mencionar el tema ocasionalmente, cuando hacerlo parezca natural. Según mi experiencia, mientras más casual y espontánea sea la conversación con sus hijas sobre la pubertad, mejor.

Otro consejo: si hablar sobre la pubertad y sexualidad es difícil o vergonzoso para usted, dígalo. No tiene nada de malo decirle a su hija, "Realmente me avergüenza hablar de esto" o "Mis padres nunca me hablaron sobre estas cosas, por lo que se me hace un poco raro tratar de hablarte" o lo que sea. De todos modos, su tono de voz, su lenguaje corporal o cualquiera de las otras maneras que tenemos de comunicar lo que realmente estamos sintiendo van a hacer que su hija se dé cuenta de su vergüenza. Si trata de aparentar que no se siente incómodo, lo único que logrará es confundir a su hija. Una vez que admita sus sentimientos, se aclararán las cosas.

Como padre o madre, quizá descubra que tiene ciertas inquietudes sobre algunos de los asuntos que se tratan en este libro. Algunos de los temas son muy polémicos. Cuando surgen preguntas controversiales en clase, yo trato de presentar los diversos puntos de vista y explicar por qué las personas los tienen. Pienso que logro ser bastante objetiva, pero es posible que a veces sea obvio mi punto de vista. Quizá usted descubra que su opinión sobre algunos de los temas tratados en este libro es diferente a la mía, pero eso no es una excusa para desechar esa parte. Al contrario, puede usar estas diferencias de opinión como oportunidad para explicarle sus propios puntos de vista y valores a su hija.

Según investigaciones recientes, la pubertad está comenzando antes entre las muchachas. Como consecuencia, queremos que niñas de menor edad tengan acceso a este libro. Esto está de acuerdo con mi percepción general sobre la necesidad de educación temprana acerca de la pubertad. Creo firmemente que los chicos que no reciben educación sobre la pubertad que les dé seguridad cuando más la necesitan no responden bien posteriormente a los esfuerzos de sus padres o escuelas de impartir códigos morales, ni siquiera simples pautas seguras y sensatas de conducta sexual. En este libro destacamos los cambios de la pubertad y sólo mencionamos superficialmente los aspectos de la "educación sexual" tradicional.

Independientemente de cómo decida lidiar con los temas de la pubertad y sexualidad, o cómo decida usar este libro, espero que los ayude a usted y a su hija a tener un mejor entendimiento sobre el proceso de la pubertad y que los acerque más.

1.
LA PUBERTAD

No veía la hora de que pasara. Y cuando pasó, recuerdo haber pensado: "Ya era hora". Estaba retrasada y realmente estresada al respecto. Sentí alivio cuando finalmente sucedió.

—KAREN, 36 AÑOS

Antes de que pasara, no quería que sucediera para nada. Tenía la esperanza de ser la última.

—SARA, 28 AÑOS

Recuerdo que a mis hermanos ya no se les permitía golpearme en el pecho. Eso me gustó.

—JULIE, 53 AÑOS

Primero estaba preocupada. Pero realmente no fue tan malo como esperaba. No fue gran cosa, a pesar de toda la alharaca.

—MICHELLE, 23 AÑOS

Todas estas mujeres están hablando sobre lo mismo: la pubertad. La pubertad es la etapa de la vida en la que el cuerpo cambia y pasa de ser un cuerpo de niña a uno de adulta.

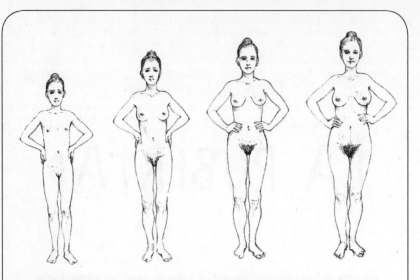

Figura 1. Los cambios femeninos durante la pubertad. Cuando las muchachas pasan por la pubertad, los senos se desarrollan y les comienza a crecer vello púbico, como también vello en las axilas. También crecen y comienza a salirles tejido graso alrededor de las caderas, muslos y nalgas, lo que hace que su cuerpo sea más curvilíneo.

Como puedes ver en la Figura 1, el cuerpo nos cambia bastante cuando pasamos por la pubertad. Crecemos. Desde luego, crecemos durante toda la infancia. Pero durante la pubertad, las muchachas pegan un estirón. Aumentan de estatura más rápido que en cualquier otro momento en la vida.

Durante la pubertad la forma del cuerpo cambia. Los senos comienzan a hincharse y sobresalir. Las caderas y muslos se ensanchan. Nuestra figura se vuelve más redonda y curvilínea. Nos comienzan a salir vellos entre las piernas y debajo de los brazos. La piel comienza a producir grasas nuevas, que hacen que se sienta diferente al tacto y le cambie el olor. Mientras esta transformación está sucediendo en el exterior del cuerpo, otros cambios también suceden por dentro.

Para algunas muchachas, la pubertad parece tomar una eternidad. Para otras, estos cambios ocurren tan rápido que parece que tuvieron lugar de la noche a la mañana. Pero en realidad, no suceden tan rápido. La pubertad ocurre lenta y gradualmente, durante un periodo de muchos meses y años. Los primeros cambios pueden comenzar a una edad muy temprana o demorarse hasta la adolescencia.

Independientemente de cuándo se inicie la pubertad en tu caso, estamos seguras de que tendrás muchas preguntas sobre lo que pasa en tu cuerpo. Esperamos que este libro responda algunas preguntas.

"Nosotras" somos mi hija Area y yo. Hemos trabajado juntas para escribir este libro. Hablamos con médicos y leímos libros médicos. Y también conversamos con muchas mujeres y muchachas. Ellas nos contaron por lo que pasaron durante la pubertad, cómo se sintieron y las preguntas que tuvieron. Yo enseño clases sobre la pubertad y, juntas, Area y yo ofrecemos talleres sobre la pubertad para chicos y sus padres. Los muchachos en mis clases y las madres e hijas en nuestros talleres siempre tienen muchas preguntas. También tienen mucho que decir sobre la pubertad. Sus comentarios figuran en estas páginas*, por lo que, en cierto sentido, ellos nos ayudaron a escribir este libro.

Comencé a dar clases sobre la pubertad y sexualidad cuando los dinosaurios aún deambulaban por el planeta (bueno, prácticamente). En aquel entonces, no se enseñaba educación sexual en muchas escuelas. Tuve que crear mis lecciones de cero. Decidí iniciar mi primera clase explicando de dónde vienen los bebés. Parecía ser un buen comienzo. Al fin y al cabo, durante la puber-

---

*Para proteger su privacidad, hemos cambiado los nombres de las muchachas y mujeres que tuvieron la gentileza de dejarnos citarlas.

tad el cuerpo se prepara para la etapa de la vida en que posiblemente decidas tener un bebé.

No pensé que tendría problemas para enseñar la primera clase. "No es gran cosa", me dije. "Simplemente iré y comenzaré a hablar con los muchachos acerca de dónde vienen los bebés. No hay problema".

¡Qué equivocada estaba! Apenas abrí la boca, hubo un pandemonio. Los muchachos comenzaron a reírse nerviosamente, darse codazos y sonrojarse. Un muchacho incluso se cayó de la silla. La clase estaba actuando raro porque para hablar acerca del origen de los bebés tenía que hablar del sexo. Las relaciones sexuales, como posiblemente hayas notado, son *un tema que llama la atención*. Las personas a menudo actúan avergonzadas, risueñas o raras cuando se menciona el tema del sexo.

EL SEXO

La palabra sexo, en sí, es confusa. A pesar de que es una palabra pequeña, sexo tiene muchos significados. Con su significado más básico, sexo simplemente se refiere a las diferencias que existen entre el cuerpo de los varones y las hembras. Hay muchas diferencias entre el cuerpo masculino y femenino. Pero lo más obvio es que los hombres tienen un pene y escroto, y las mujeres tienen una vulva y vagina. Estas partes del cuerpo u órganos se llaman los órganos sexuales. Las personas tienen órganos sexuales masculinos o femeninos, y pertenecen al sexo masculino o femenino.

La palabra sexo también se usa de otras maneras. Podemos decir que dos personas están "teniendo relaciones sexuales". Esto generalmente significa que están participando del coito. Como explicaremos posteriormente en este capítulo, en el coito se juntan los órganos sexuales de dos personas. En el coito entre un hombre y una mujer también se producen los bebés.

Podemos decir que dos personas "tienen un comportamiento sexual". Esto significa que están participando del coito o están agarrando, tocando o acariciando los órganos sexuales de la otra. Quizá digamos que "estamos teniendo sensaciones sexuales". Esto significa que estamos teniendo sentimientos o pensamientos sobre actividades sexuales con otra persona.

Nuestros órganos sexuales son las partes privadas del cuerpo. Generalmente los mantenemos cubiertos. No hablamos de ellos en público a menudo. Los sentimientos sexuales y la actividad sexual con alguien por lo general tampoco son temas que se mencionan en clase.

Si tuviera el cerebro bien puesto, habría pensado sobre todo esto antes de mi primera clase. Me habría dado cuenta de que entrar a un aula y hablar sobre el sexo, penes y vaginas iba a causar *gran* conmoción. En esa primera clase caí en cuenta de ello rápidamente. Decidí que, si íbamos a entrar en bromas y reírnos de verdad, más valía que realmente lo hiciéramos. Ahora comienzo mis clases y talleres pasando copias de los dibujos en la Figura 2. También les doy a todos lápices rojos y azules.

La figura 2 muestra los órganos sexuales externos de un hombre y una mujer adultos. Estos órganos sexuales también se llaman los órganos genitales o reproductivos. Tenemos órganos sexuales tanto dentro como fuera del cuerpo. Cambian a medida que pasamos por la pubertad.

LOS ÓRGANOS SEXUALES MASCULINOS

Una vez que todos tienen copias y lápices de color, alzo la figura de los órganos sexuales masculinos. Le digo a la clase que los órganos sexuales que están en la parte exterior del cuerpo de un hombre son el pene y escroto. Los muchachos en mi clase de todos modos se ríen como locos o se caen de su silla de vergüenza, pero no les presto mucha atención. Usando mi mejor tono de maestra de kindergarten, digo,

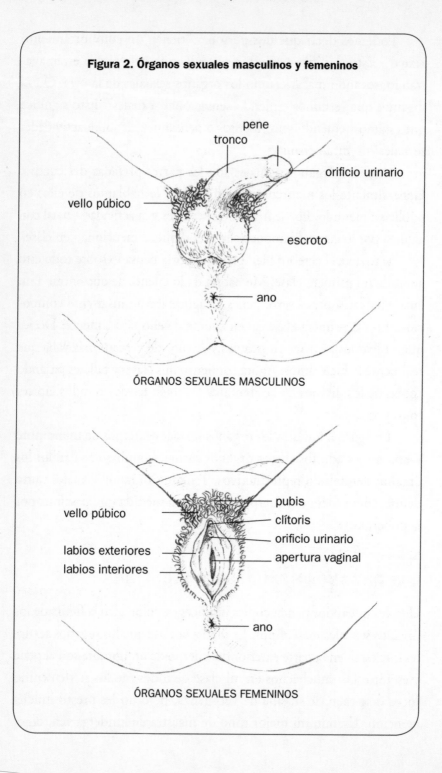

Figura 2. Órganos sexuales masculinos y femeninos

ÓRGANOS SEXUALES MASCULINOS

pene
tronco
orificio urinario
vello púbico
escroto
ano

ÓRGANOS SEXUALES FEMENINOS

vello púbico
pubis
clítoris
orificio urinario
apertura vaginal
labios exteriores
labios interiores
ano

"El pene en sí tiene dos partes: el tronco y glande. Encuentren el tronco del pene y coloréenlo a rayas azules y rojas". En ese momento, todos se ponen a colorear muy serios. Algunos aún se ríen nerviosamente, pero comienzan a pintar de todos modos. ¿Por qué no coloreas tú también el tronco? (A no ser que, por supuesto, este libro pertenezca a otra persona o la biblioteca. Una de las personas que más admiramos es una bibliotecaria llamada Lou Ann Sobieski. Estaríamos *en verdaderos apuros* si Lou Ann pensara que le estamos diciendo a la gente que pinte los libros de bibliotecas. Si este libro no es tuyo, haz una copia de esta página para colorearla.)

Luego le pido a la clase que encuentre un pequeño hueco en la punta del pene y lo rodee con un círculo rojo. Éste es el orificio urinario. Es la apertura por el cual la orina (pis) sale del cuerpo. Por lo general, a estas alturas hay menos risitas. El orificio urinario es pequeño. La clase tiene que prestar más atención para colorear.

Luego coloreamos el propio glande. Generalmente sugiero azul, pero píntalo del color que quieras.

"Puntos rojos y azules para el escroto", le digo luego a mi clase. El escroto es el bolso de piel suelta detrás del pene. Otro nombre para el escroto es sacro escrotal. Dentro del escroto hay dos órganos en forma de huevos llamados testículos. (No se pueden ver los testículos en la figura 2. Los menciono porque hablaremos acerca de ellos dentro de unas cuantas páginas.)

Luego explico que los vellos enrizados de los órganos sexuales son vellos púbicos. También debes colorearlos.

Finalmente, llegamos al ano. Se trata de la apertura por la cual las heces (caca) salen del cuerpo. El ano no es un órgano reproductivo. Pero está cerca, por lo que no pierdes nada coloreándolo también.

Para cuando la clase termina de colorear las diferentes partes, he dicho la palabra "pene" en alto unas veintiocho veces. Todos están acostumbrados a que diga ésta y otras palabras que por lo general no se dicen en voz alta en las clases. Mis estudiantes ya no reaccionan exageradamente cada vez que uso estas palabras. Además, los dibujos se ven graciosos. Todos se están riendo. La risa hace que sea más fácil lidiar con la vergüenza o el nerviosismo.

Tengo otro motivo para hacer que los muchachos coloreen estos dibujos. Los ayuda a recordar los nombres de estos órganos. Si simplemente miras el dibujo, no retienes los nombres de las partes. Si pasas tiempo coloreando las partes, tienes que prestar atención. Es más probable que recuerdes los nombres. Éstas son partes importantes del cuerpo. Vale la pena hacer un esfuerzo por aprender los nombres.

LA CIRCUNCISIÓN

La figura 2 muestra un pene circuncidado. La circuncisión es una operación con la que se extirpa el prepucio del pene. El prepucio es parte de la piel especial que cubre el pene. La cirugía generalmente se hace cuando un bebé tiene sólo unos cuantos días de vida.

Los hombres de este país, en su mayoría, han sido circuncidados. Pero también hay muchos que aún tienen prepucio. Si un muchacho no ha sido circuncidado, el prepucio le tapa la mayor parte del glande o todo.

Cuando nace un bebé, el prepucio y glande generalmente están pegados. En algún momento dado, el prepucio se separa. Para cuando un muchacho pasa a ser adulto, o tal vez antes, puede retraer el prepucio. Esto significa que lo puede jalar del glande hasta el tronco del pene, como se muestra en la figura 3.

Quizá te preguntes por qué las personas circuncidan a sus hijos. Quizá tengas otras preguntas sobre la operación. Si es así, encontrarás más información acerca de la circuncisión en el Capítulo 8.

Mientras todos están coloreando, hablamos de términos coloquiales o jerga. Las personas no siempre usan los nombres médicos para estas partes del cuerpo. A veces usan jerga.

Los muchachos en la última fila de mi primera clase sobre la pubertad eran diccionarios andantes de jerga. Cada vez que yo decía "pene" o "vagina" en voz alta, su cerebro se ponía en marcha y producía decenas de palabras de jerga. Se les hacía imposible quedarse callados. Casi saliéndose de sus asientos, agitaban los brazos y se daban

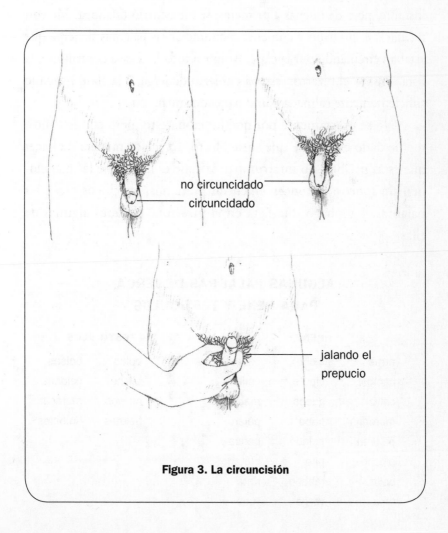

no circuncidado
circuncidado

jalando el
prepucio

Figura 3. La circuncisión

puñetazos de juego. Llenos de alegría, se susurraban palabrotas unos a los otros.

Al final, la emoción de decir estas "malas" palabras en voz alta resultó ser demasiado para los muchachos. A toda la fila de atrás le daba ataques de risa salvaje. De hecho, algunos estaban en el piso de la risa. Pronto, toda la clase estaba totalmente fuera de control. "Quizá", pensé, "no cuento con lo necesario para dedicarme a este tipo de trabajo".

Estuve a punto de renunciar a las clases sobre la pubertad en ese instante, pero de buenas a primeras, se me ocurrió una idea. Me volteé hacia el pizarrón y comencé a enumerar las palabras de jerga que estaban circulando por la clase. Animé a toda la clase a contribuir a la lista. Pronto el pizarrón estaba cubierto de jerga, y la clase estaba lo suficientemente calmada como para continuar.

No sé exactamente por qué funciona esto, pero con los años, me he dado cuenta de que surte efecto. La mejor manera de hacer que estas palabras no interrumpan la clase es hacer que las mencionen sin rodeos. Entonces, mientras pintamos, los chicos dicen las palabras, y yo hago una lista en el pizarrón. He aquí algunas de ellas.

ALGUNAS PALABRAS DE JERGA
PARA PENE Y TESTÍCULOS

PENE			TESTÍCULOS	
arma	bicho	cacao	bolas	bolsas
camote	cipote	chile	buche	cojones
chivo	guaba	machete	huevos	maracas
moronga	nabo	pájaro	pelotas	timbales
paloma	pelado	penca		
pincho	pito	plátano		
polla	rábano	riata		
taco	verga	yuca		

Después de enumerarlas en el pizarrón, la clase habla sobre estas palabras. Decidimos cuáles palabras usaríamos con un amigo, con un médico o con nuestra mamá. También hablamos sobre las reacciones de las personas a la jerga. A algunas personas les molestan estas palabras. Se enojan si te oyen usarlas. A ti posiblemente te importe, o quizá no, hacer que la gente se moleste de esta manera. Pero por lo menos debes estar consciente de que para muchas personas estas palabras son ofensivas.

LOS ÓRGANOS SEXUALES FEMENINOS

Cuando todos terminan de colorear los órganos sexuales masculinos, pintan los órganos sexuales femeninos. El órgano sexual en la parte exterior del cuerpo de una mujer se llama la vulva. La vulva tiene varias partes. En la parte superior se encuentra un cojinete de tejido graso que se llama el pubis, monte pubiano o de Venus. En las mujeres adultas, vellos rizados y ásperos cubren el pubis. Le digo a la clase que coloree de rojo el pubis y el vello púbico.

Luego, pasamos a la parte inferior del pubis. Allí se divide en dos dobleces de piel llamados los labios exteriores. Sugiero puntos azules para los labios exteriores. Entre los labios exteriores están los dos labios interiores. ¿Qué te parece si los pintas con rayas rojas?

Los labios interiores se unen arriba. Los dobleces de piel donde los labios se unen forman algo que parece una capucha. En la figura 2, puedes ver la punta del clítoris que se asoma de esta capucha. El resto del clítoris está debajo de la piel donde no se puede ver. Colorea la punta del clítoris azul.

Directamente debajo del clítoris está el orificio urinario. Por aquí sale la orina del cuerpo de la mujer. Le digo a la clase que le haga un círculo rojo.

Debajo del orificio urinario está la apertura vaginal. Lleva a la vagina, dentro del cuerpo. La vagina conecta la parte exterior del cuerpo con los órganos sexuales dentro del cuerpo de la mujer. Les sugiero que hagan un círculo azul alrededor de la apertura vaginal. (Las personas a menudo usan la palabra "vagina" cuando deberían decir "vulva". La vagina está dentro del cuerpo. "Vulva" es el término correcto para el órgano sexual en la parte exterior del cuerpo femenino.) Finalmente, llegamos al ano. Coloréalo como gustes.

Mientras coloreamos los órganos genitales femeninos, también hacemos una lista de palabras de jerga para estas partes del cuerpo de la mujer.

ALGUNAS PALABRAS DE JERGA PARA EL CLÍTORIS, LA VULVA Y VAGINA

EL CLÍTORIS		VULVA Y VAGINA	
campan	almeja	bollo	bucheta
cresta	cachimba	concha	chicha
chorcha	chucha	felpudo	mazorca
gallo	mono	pájara	papaya
pepa	pupusa	sapo	zorra

Para cuando hemos terminado de colorear los órganos sexuales y hecho las listas de jerga, todos han logrado eliminar la energía nerviosa y vergüenza con la risa. También se han dado una buena idea de dónde están estas partes del cuerpo. Esto ayuda a comprender de dónde vienen los bebés.

EL COITO

El coito entre un hombre y una mujer puede producir un bebé. Cuando un macho y una hembra participan del coito, el pene entra dentro de la vagina. Tan pronto como le digo esto a mi clase, siempre tienen dos preguntas. Primero, quieren saber cómo un pene puede entrar en una vagina.

Comienzo mi respuesta explicando la erección. A veces, el pene se pone tieso y duro, y sobresale del cuerpo a un ángulo. (Ver figura 4.) Esto se llama tener una erección. Los hombres de todas las edades, incluso los bebés, tienen erecciones. Una erección puede suceder cuando un hombre está teniendo sensaciones sexuales como también en otras ocasiones. Durante una erección, el tejido dentro del pene se llena de sangre. Este tejido tiene millones de espacios muy pequeños. Generalmente, esos espacios están vacíos, y el pene está flácido y blando. Cuando un hombre tiene una erección, estos espacios se llenan con tanta sangre que el tejido se pone tieso y duro. El pene se hincha, se pone erecto y sobresale del cuerpo. En inglés, a veces le llaman *"boner"* a una erección. El pene se puede poner tan tieso y duro que parece que hay un hueso en él. Pero no es así. Sólo se trata de tejido lleno de sangre.

Si una pareja quiere tener relaciones, se acerca lo suficiente como para que el pene erecto pueda introducirse en la vagina. Presionan su

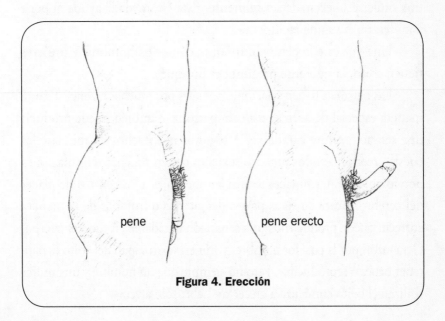

pene   pene erecto

Figura 4. Erección

cuerpo contra el de su pareja y se mueven para que el pene entre y salga de la vagina, lo que les produce placer sexual.

Quizá pienses que es difícil que el pene entre en la vagina. Al fin y al cabo, la apertura vaginal no es muy grande. Sin embargo, la apertura vaginal es muy elástica y se puede estirar y alcanzar un tamaño varias veces mayor al normal. De hecho, la apertura vaginal es suficientemente elástica como para que cuando la mujer da a luz, se estire lo suficiente a fin de permitir que salga el bebé.

La vagina es un tubo de músculo suave y flexible. Normalmente, la vagina es como un globo que no se ha inflado. La vagina está desinflada, y sus paredes interiores se están tocando. Cuando el pene erecto se introduce en ella, empuja las paredes vaginales y hace que se separen. Las paredes suaves y flexibles se amoldan alrededor del pene erecto perfectamente. Cuando un hombre está estimulado sexualmente ("excitado"), produce una gota o dos de líquido de la punta del pene erecto. También sale fluido de las paredes de la vagina cuando una mujer está excitada sexualmente. Esta "humedad" ayuda al pene a ingresar a la vagina fácilmente.

Una vez que la clase comprende cómo los hombres y mujeres tienen coito, la siguiente pregunta es por qué.

Las personas tienen relaciones sexuales por muchas razones. Es una manera especial de acercarse a otra persona. También puede producir una sensación muy agradable. A algunos muchachos en mi clase les cuesta creerlo. Pero los órganos sexuales tienen muchas terminaciones nerviosas. Estas terminaciones envían mensajes a los centros de placer del cerebro. Acariciar estas partes del cuerpo o frotarlas de la manera correcta puede producirnos una sensación agradable en todo el cuerpo. Otra razón por la cual los hombres y mujeres participan del coito es para tener bebés o reproducirse. Pero no siempre que un hombre y una mujer realizan el coito comienza a crecer un bebé; sólo a veces.

LA REPRODUCCIÓN

Para que un hombre y una mujer se reproduzcan, un óvulo de ésta y un espermatozoide de éste deben unirse. Esto puede suceder como resultado del coito.

A veces se denomina al óvulo de la mujer el "huevo" y al esperma del hombre, su "semilla". Estos términos confunden a los muchachos y muchachas en mi clase. En su mente, una semilla es lo que plantamos en la tierra al sembrar flores o vegetales. Y huevos son lo que ponen las gallinas. Pero los óvulos y espermatozoides no son este tipo de huevos y semillas.

Para comenzar, un óvulo es mucho más pequeño que los huevos que cocinamos para el desayuno. De hecho, es más pequeño que el punto más pequeño que puedes dibujar con la punta del lápiz más afilado. Un espermatozoide es incluso más pequeño. Una forma de ver las cosas es que el espermatozoide es la mitad de la semilla y el óvulo la otra mitad. Cuando estas dos mitades se unen, comienza a crecer un bebé humano. En realidad, los espermatozoides y óvulos son células. El cuerpo está compuesto por miles de miles de millones de células. Hay muchos tipos distintos de células. Pero los óvulos y espermatozoides son el único tipo de células que pueden unirse para crear una sola célula. De esta célula, crece un bebé.

La esperma y la eyaculación

Los espermatozoides se producen en los testículos, los dos órganos en forma de huevos dentro del escroto. Están almacenados en tubos huecos llamados conductos espermáticos. Los testículos de un muchacho comienzan a producir espermatozoides durante la pubertad.

Generalmente continúan produciendo espermatozoides nuevos todos los días durante el resto de su vida.

Cuando un hombre tiene relaciones sexuales, es posible que eyacule. Durante la eyaculación, los músculos en los órganos sexuales se contraen. Estas contracciones impulsan espermatozoides a la parte principal del cuerpo. Allí, se mezclan con líquidos. Esta mezcla es un líquido blanco y cremoso que se llama semen o esperma. Las contracciones musculares bombean semen por la uretra, el conducto hueco a lo largo del pene. El semen luego sale en un chorro de la apertura en la punta del pene. (Ver figura 5.)

En promedio, menos de una cucharadita de semen sale del pene durante una eyaculación. Esta pequeña cantidad de semen contiene ¡millones de espermatozoides! Durante las relaciones sexuales, un hombre puede eyacular de 300 millones ya 500 millones de espermatozoides en la vagina de la mujer. Algunos de estos espermatozoides llegan a la parte superior de la vagina. Allí, entran a un pequeño túnel que los lleva dentro del útero o vientre. (Ver figura 6.) El útero o matriz es el lugar dentro del cuerpo de una mujer en el que se desarrolla un bebé.

Algunos de los espermatozoides luego se abren paso a la parte superior del útero y a uno de los dos conductos uterinos. Muchos espermatozoides nunca llegan hasta el útero. Se pierden en la vagina. Otros espermatozoides se pierden en el útero. Los espermatozoides que se pierden y no llegan a su destino terminan disolviéndose en el cuerpo de la mujer.

De los millones de espermatozoides eyaculados dentro de la vagina, sólo unos cuantos llegan a la parte superior del útero y de allí a los conductos uterinos o trompas de Falopio. Éstos son dos tubos que se conectan a la parte superior del útero en ambos lados. Aquí, dentro de uno de estos tubos, el espermatozoide puede encontrar un óvulo y unirse a él.

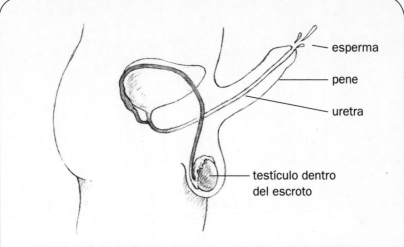

Figura 5. Eyaculación. La esperma se produce en los testículos. Cuando un hombre eyacula, la esperma se traslada por la uretra y sale por la apertura en el glande.

Los óvulos y la ovulación

Las muchachas nacen con cientos de miles de óvulos. Los óvulos están almacenados en dos órganos llamados ovarios. Los óvulos de una muchacha joven no están maduros. El primer óvulo no madura hasta bien comenzada la pubertad.

Una mujer adulta generalmente produce un óvulo maduro de uno de sus ovarios aproximadamente una vez al mes. Cuando ha madurado del todo, el óvulo sale del ovario. La liberación del óvulo maduro del ovario se llama ovulación. (Ver figura 7.)

Después de ser liberado del ovario, el óvulo ingresa a una de las trompas de Falopio. El extremo superior de la trompa de Falopio se expande y forma un puente para llevar el óvulo al tubo. Los vellos finos dentro de la trompa se ondean de un lado a otro. Lentamente, su suave ondeo ayuda a movilizar al óvulo por el conducto.

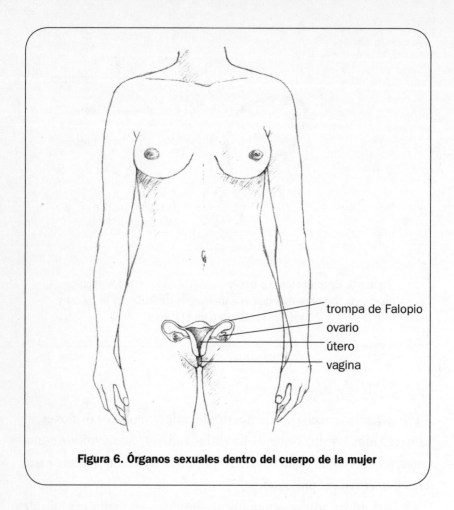

trompa de Falopio
ovario
útero
vagina

Figura 6. Órganos sexuales dentro del cuerpo de la mujer

La fertilización, el embarazo y el parto

A medida que el óvulo se traslada por el conducto, es posible que se tope con espermatozoides. Si es así, un espermatozoide puede ingresar al óvulo. Esta unión entre un óvulo y un espermatozoide se llama fertilización.

El óvulo puede ser fertilizado por un espermatozoide sólo en las veinticuatro horas siguientes a su salida del ovario. Pero los espermatozoides pueden permanecer vivos dentro del cuerpo de la mujer hasta cinco días. Esto significa que la fertilización es posible

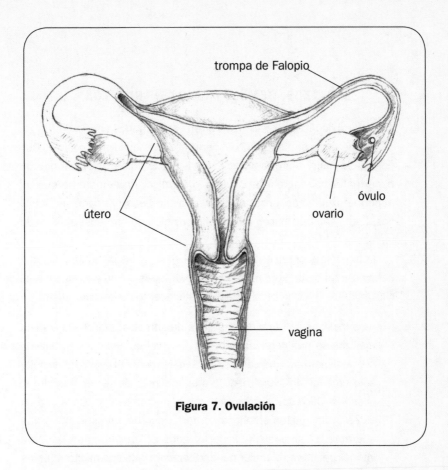

trompa de Falopio

óvulo

útero

ovario

vagina

Figura 7. Ovulación

si un hombre y una mujer tienen relaciones sexuales el día de la ovulación o cualquiera de los cinco días antes de la ovulación. La mayoría de las veces, el óvulo pasa por la trompa de Falopio hasta el útero sin toparse con un espermatozoide. Unos cuantos días después de que llega al útero, el óvulo no fertilizado se desintegra. Si el óvulo ha sido fertilizado, no se desintegra. Una vez que entra al útero, se implanta allí y, durante los nueves meses siguientes, crece y pasa a ser un bebé.

El útero es un órgano hueco. En una mujer adulta, el útero normalmente es del tamaño de una pera. Pero las paredes gruesas y musculosas del útero son muy elásticas. Esto permite que el útero se expanda durante embarazo. (Ver figura 8.)

MELLIZOS, GEMELOS UNIDOS, TRILLIZOS. . .

Apenas explico la fertilización, se alzan varias manos en el aula.

"¿Qué pasa si más de un espermatozoide fertiliza al óvulo? ¿Qué pasa si la mujer tiene mellizos?" Explico que sólo es posible que un espermatozoide ingrese al óvulo y lo fertilice. En el instante que un espermatozoide comienza a entrar, el óvulo pasa por cambios quími-cos. Estos cambios hacen que sea imposible que otro espermatozoide ingrese.

Pero por lo general, ése es apenas el inicio de las preguntas. Aunque sería necesario otro libro para responder a todas las preguntas, he aquí ciertos datos básicos para ayudar a satisfacer tu curiosidad.

- Los mellizos son uno de dos tipos de gemelos. (Ver figura 9.) Los mellizos se producen cuando hay dos óvulos, cada uno fertilizado por un espermatozoide diferente. Generalmente el ovario de la mujer sólo produce un óvulo maduro a la vez, pero de vez en cuando, el ovario produce dos óvulos maduros al mismo tiempo. Cada uno de estos óvulos puede entonces ser fertilizado por un espermatozoide diferente. Si ambos óvulos fertilizados se implantan en la pared interior del útero, la mujer quedará embarazada con mellizos. Éstos posiblemente no se parezcan. Es posible que incluso no sean del mismo sexo.

- Los gemelos idénticos se desarrollan de un solo óvulo fertili-zado que se divide en dos. (Ver figura 10.) La división sucede poco después de la fertilización. Nadie sabe el motivo. Debido a que los mellizos idénticos provienen del mismo óvulo y espermatozoide, se parecen físicamente. Siempre son del mismo sexo.

- Cuando nacen mellizos o gemelos, primero sale un bebé. El otro bebé generalmente sale a los pocos minutos. A veces pasa más tiempo antes de que el segundo mellizo nazca. Incluso ha habido casos en los que pasa todo un día entre el nacimiento del primer o segundo gemelo.

• Es posible que una mujer dé a luz a mellizos que tienen padres diferentes. Para que esto suceda, la mujer debe tener relaciones con dos hombres diferentes alrededor del tiempo en que ovule.

• Los gemelos unidos, o siameses, son gemelos idénticos que. al nacer están unidos uno al cuerpo del otro de alguna manera. Por algún motivo que se desconoce, el óvulo fertilizado no se divide del todo. Los bebés se desarrollan con partes del cuerpo unidas.

Los gemelos idénticos son poco comunes. Los gemelos unidos son mucho menos comunes. Los siameses pueden estar unidos de una variedad de maneras. Si están unidos por los pies, hombros o brazos, una operación puede separar a los bebés. En otros casos, es más difícil separarlos. Quizá estén unidos de tal manera que separarlos le causaría la muerte a uno o ambos. Por ejemplo, es posible que sus cuerpos estén unidos en el pecho y compartan un corazón. Algunos padres deciden hacer la cirugía incluso si es posible que un bebé muera. Otros padres deciden no hacer la operación. Si no los separan, los siameses pueden vivir unidos toda la vida.

• Los trillizos (tres bebés), cuatrillizos (cuatro), quintillizos (cinco), sextillizos (seis), septillizos (siete) y octillizos (ocho) se presentan con incluso menos frecuencia que los gemelos. Cuando más de tres bebés nacen a la vez, las probabilidades de que sobrevivan es baja. Debido a que hay tantos de ellos, son mucho más pequeños que los bebés regulares y nacen antes de desarrollarse plenamente. Hasta donde sabemos, el mayor número de bebés que han nacido a la vez es doce. Pero algunos de ellos murieron. Hubo un caso en Iowa en el que una mujer dio a luz a siete bebés, todos los cuales sobrevivieron. Al poco tiempo, una pareja en Texas tuvo ocho bebés vivos, pero uno de ellos falleció poco después de nacer.

Las mujeres que dan a luz a más de dos bebés a la vez generalmente están tomando medicamentos especiales para salir embarazada. Debido a que estas mujeres han tenido problemas para salir embarazadas en el pasado, sus médicos hacen que tomen medicamentos para estimular los ovarios. Pero dichos medicamentos a menudo estimulan los ovarios demasiado, por lo que se liberan varios óvulos maduros a la vez.

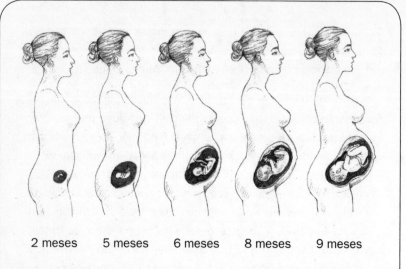

| 2 meses | 5 meses | 6 meses | 8 meses | 9 meses |

Figura 8. El embarazo. Un óvulo fertilizado se implanta en la pared interior del útero y durante los nueve meses siguientes, crece y pasa a ser un bebé.

Cuando un bebé está listo para nacer, el útero de la madre comienza a contraerse. El pequeño túnel que conecta el útero a la vagina se ensancha. Fuertes contracciones expulsan al bebé del útero a la vagina. Las contracciones continúan. El bebé es empujado por la vagina, luego por la apertura vaginal y al mundo. ¡Hola, bebé!

LA MENSTRUACIÓN

Todos los meses, cuando el ovario se alista a liberar el óvulo maduro, el útero se prepara. Si el óvulo es fertilizado, se implantará en la pared interior del útero. El óvulo fertilizado necesita abundante sangre y nutrientes ricos para desarrollarse. Por lo tanto, a medida que el óvulo está madurando en el ovario, la pared del útero se engrosa. Desarrolla nuevos vasos sanguíneos y tejido esponjoso con abundante sangre que alimentará al óvulo si es fertilizado.

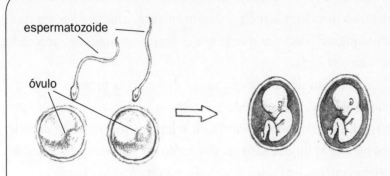

espermatozoide

óvulo

Figura 9. Mellizos. Los mellizos se dan cuando la mujer produce dos óvulos maduros, cada uno de los cuales es fertilizado por un espermatozoide diferente.

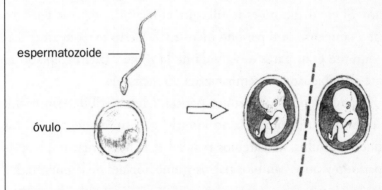

espermatozoide

óvulo

Figura 10. Gemelos. Se pueden producir gemelos idénticos cuando, después de la fertilización, un óvulo se divide en dos. Los gemelos son parecidos físicamente y siempre son del mismo sexo.

Sin embargo, si el óvulo no es fertilizado, el engrosamiento de la pared del útero no es necesario. Aproximadamente una semana después de que el óvulo no fertilizado se desintegra, el útero comienza a despojarse del grosor adicional. Pedazos de este recubrimiento caen de las paredes del útero. El tejido esponjoso y lleno de sangre se desintegra y pasa a ser mayormente líquido. Este líquido, que se llama el flujo menstrual, se acumula en la parte inferior del útero. Luego gotea lentamente a la vagina y sale por la apertura vaginal. (Ver figura 11.)

Este deterioro y despojo del recubrimiento del útero se denomina menstruación. Cuando el recubrimiento sangriento gotea de la apertura vaginal, decimos que la mujer está menstruando o teniendo el periodo o la regla.

La cantidad de sangre que gotea durante un periodo varía. En conjunto, generalmente hay de un cuarto a un tercio de taza de flujo menstrual. No sale todo a la vez. Gotea lentamente, luego se detiene. Es posible que el flujo menstrual tome sólo un par de días o se demore aproximadamente una semana en salir totalmente del cuerpo.

Una vez que el sangrado se detiene, el útero comienza a desarrollar un nuevo recubrimiento para alistarse para el siguiente óvulo maduro. Si ese óvulo no es fertilizado, el recubrimiento se vuelve a separar y comienza otro periodo menstrual. Y esto se repite, mes tras mes, durante gran parte de la vida de la mujer. Una excepción es durante el embarazo. Una embarazada no menstrúa.

¿Cuándo tendrás tu primer periodo? Es difícil determinarlo, pero este libro te ayudará a adivinarlo con fundamento. En los próximos capítulos, hablaremos más sobre la menstruación, tu primer periodo y otros cambios físicos y emocionales de la pubertad.

TODO LO QUE QUERÍAS SABER...

Si eres como las muchachas en nuestras clases y talleres, tienes muchas preguntas sobre lo que pasa en tu cuerpo. No siempre es fácil hacer estas preguntas. Quizá nos sintamos demasiado avergonzadas. Quizá pensemos que nuestras preguntas son muy tontas. Quizá temamos que otros ya sepan la respuesta. Quizá se rían de nosotras. Quizá piensen que somos tontas o que no estamos "al día".

Si alguna vez has sentido esto, no eres la única. En mis clases, jugamos algo llamado "Todo lo que siempre quisiste saber sobre la pubertad y el sexo pero temías preguntar". Distribuimos trozos de

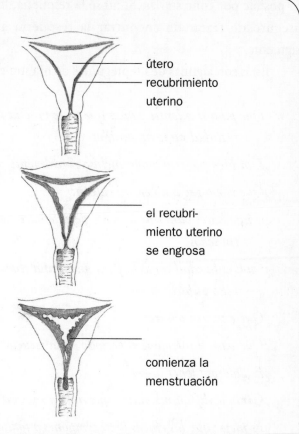

útero

recubrimiento uterino

el recubrimiento uterino se engrosa

comienza la menstruación

Figura 11. La menstruación. A medida que el ovario se alista a liberar un óvulo maduro, la pared interior del útero se vuelve más gruesa. Si el óvulo no es fertilizado, ese recubrimiento uterino se separa y se desecha, lo que hace que la menstruación comience.

papel al comienzo de la clase. Los muchachos escriben sus preguntas y ponen los trozos de papel en una caja especial. No tienen que firmarlos. Yo soy la única que puede ver los trozos de papel. La caja se cierra bajo llave y permanece en el aula. Los muchachos escriben preguntas en cualquier momento y las ponen en la caja. Al final de la clase abro la caja de preguntas. Leo las preguntas en voz alta y hago lo posible por contestarlas. Si no sé la respuesta, lo digo. Luego me aseguro de tratar de encontrar la respuesta antes de la clase siguiente.

Éstas son algunas de las preguntas de nuestra caja de preguntas:

¿Qué pasa si mientes y dices que ya te vino la regla, pero en realidad no te ha venido?

¿Está bien ponerse sostén incluso si realmente no lo necesitas?

¿Qué es eso pegajoso en mi calzón?

¿Cómo haces para que la gente deje de hacer comentarios sobre tus senos?

¿Cuál es la edad correcta para que a una chica le salgan senos y vello púbico?

¿Qué estatura tendré?

¿Qué pasa si me viene el periodo en la escuela?

¿Es doloroso tener la regla?

¿Cómo le digo a mi mamá que quiero un sostén?

¿Es mejor que las chicas usen tampones o toallas higiénicas?

¿Cuál es el mejor producto a la venta para los granos?

Uno de los senos me está creciendo, pero el otro está completamente plano. ¿Voy a ser chueca?

LA LECTURA DE ESTE LIBRO

Este libro responde a éstas y otras preguntas de la caja de preguntas de nuestra clase, nuestros talleres y nuestros lectores. Quizá quieras leer este libro con tus padres, con un amigo o sola. Quizá quieras leerlo de un tirón, de comienzo a fin. O quizá te saltes páginas y leas un capítulo por aquí y otro por allá. Tú decides cómo leer este libro, y esperamos que lo disfrutes. También esperamos que aprendas tanto al leerlo como nosotras aprendimos al escribirlo.

2.
LOS SENOS: MANUAL PARA LA DUEÑA

No recuerdo cuándo me di cuenta de que me estaban saliendo senos. Lo que *sí* recuerdo es la primera vez que otra persona se dio cuenta. Estaba cuidando a dos mellizas de siete años. Era la primera vez que las cuidaba. (También fue la última vez. Arrojaron sus pececitos gupis al inodoro "para que tuvieran más espacio para nadar". Mientras trataba de atrapar a los gupis en el inodoro, las mellizas siguieron haciendo de las suyas en la cocina. Pusieron a la tortuga miniatura en la tostadora "para que no tuviera frío".)

La noche empezó con mal pie. Eran encantadoras cuando sus padres estaban presentes. Apenas cerraron la puerta, me saltaron encima.

"Tienes tetas. Déjanos ver, déjanos ver", exigieron, y me abrieron la blusa. "No vemos la hora de tener tetas", gritaron.

Finalmente conseguí sacármelas de encima y abotonarme la blusa. ¡Nunca me había sentido tan avergonzada en mi vida!

Es posible que sientas el interés de las mellizas o la mortificación que sentí yo. Pero sea como sea, tarde o temprano, te empezarán a crecer senos.

El desarrollo de los senos a menudo es la primera señal de la pubertad. Pero no siempre es así. Para muchas niñas, el vello púbico es el primer indicio. Para otras niñas, el vello en la axila es lo primero. A veces, los senos, el vello púbico, el vello en la axila o alguna combinación de ellos salen al mismo tiempo. Pero si el crecimiento de los senos no es la primera señal, en algún momento de la pubertad, los senos empezarán a crecer.

EL SENO

En cada seno hay un pezón y una areola. El pezón es la protuberancia en el centro de cada seno. Puede ser rosado, marrón oscuro o cualquier color intermedio. La areola es el anillo coloreado de piel que rodea el pezón. (Ver figura 12.)

El pezón y la areola son muy sensibles. La temperatura fría, el roce y las sensaciones sexuales pueden causar una erección. Cuando esto pasa, el pezón se endurece y "se para". Puede que se ven bultitos en la areola y que se hinche. Estos cambios son temporales. Después de un rato, el pezón y la areola vuelven a la normalidad.

Durante la niñez, sólo el pezón es protuberante. El resto del seno es plano y terso. Durante la pubertad los senos empiezan a hincharse y son más protuberantes con respecto al pecho.

El interior del seno

La figura 13 muestra el interior del seno de una mujer adulta. El seno tiene gran cantidad de tejido graso. También hay glándulas mamarias y ductos.

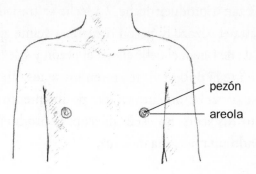

Figura 12. El pezón y la areola. Esta figura muestra el pezón y la areola de una niña que todavía no experimenta el crecimiento de los senos.

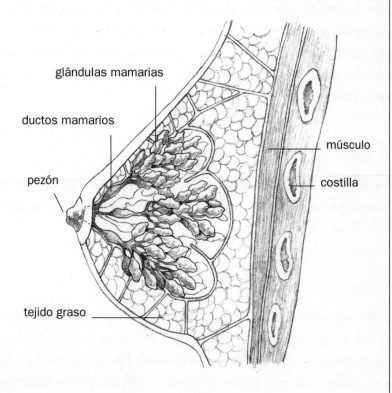

Figura 13. El interior del seno

Después de que la madre da a luz a un bebé, las glándulas mamarias empiezan a producir leche. La leche se traslada a través de los ductos hasta el pezón. El pezón tiene unas veinte aperturas. Cuando la madre da de lactar, el bebé chupa el pezón y sale la leche.

Durante la pubertad, te crecen los senos. Tu cuerpo está preparándose para el momento en que posiblemente decidas tener un bebé. Pero tus senos no están listos para producir leche; eso sólo pasa cuando una persona da a luz.

CINCO ETAPAS DEL DESARROLLO DE LOS SENOS

A medida que pasas de niña a mujer, los senos te crecen y se desarrollan. Los médicos separan el crecimiento de los senos en cinco etapas. La figura 14 muestra las cinco etapas. Lee las descripciones de estas etapas en las siguientes páginas. Luego compara tu cuerpo con los dibujos de las cinco etapas. Mira si puedes determinar la etapa en que estás.

Etapa 1: Niñez

La etapa 1 es la niñez, antes de que empiece la pubertad. Los senos no han empezado a crecer. Los pezones sólo son pequeñas protuberancias. Y los senos son planos.

Etapa 2: Botones mamarios

Los senos empiezan a crecer en la etapa 2. Debajo de cada pezón se forma un seno incipiente en forma de botón. Contiene grasa, glándulas mamarias y tejido. El seno con forma de botón levanta el pezón, y éste se nota más en el pecho. La areola se agranda y es más ancha que en la etapa 1.

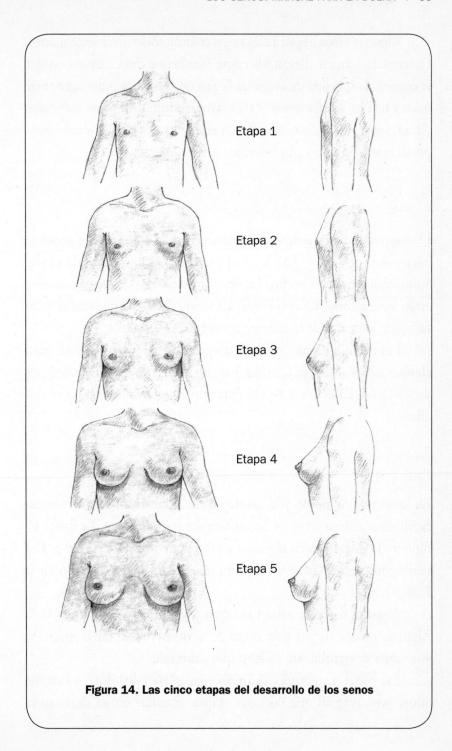

Etapa 1

Etapa 2

Etapa 3

Etapa 4

Etapa 5

Figura 14. Las cinco etapas del desarrollo de los senos

Algunas niñas llegan a esta etapa cuando sólo tienen siete u ocho. Otras muchachas no llegan a la etapa 2 hasta que casi cumplen catorce años, pero la mayoría de las niñas llega a esta etapa cuando tiene entre ocho y medio, y once años. (Para mayor información sobre las edades y las etapas, ver páginas 65-69.) La etapa 2 puede durar desde unos pocos meses hasta un año y medio, o más.

Etapa 3: El desarrollo continúa

El desarrollo de los senos continúa durante la etapa 3. Los senos se hacen más grandes. Las areolas también siguen agrandándose. Sobresalen más en el pecho. Tal vez notes que los pezones también se están agrandando. En esta etapa, los senos tienen forma adulta, pero son más pequeños de lo que serán cuando seas adulta.

Las niñas alcanzan esta etapa entre los diez y trece años, pero algunas niñas alcanzan la etapa 3 antes de llegar a los diez o después de los trece. La etapa 3 puede durar unos pocos meses o hasta dos años.

Etapa 4: El pezón y la areola forman un bultito

En la etapa 4, el pezón y la areola siguen agrandándose. Forman un bultito separado en el seno. Sobresalen del resto del seno. La figura 15 muestra la diferencia en el pezón y la areola en la etapa 3, 4 y 5. Los senos con frecuencia se ven "en punta" o con forma de cono en la etapa 4.

Algunas niñas se saltan la etapa 4 y van directamente a la 5. Algunas nunca llegan a la etapa 5. Y otras niñas, en la etapa 5, vuelven a desarrollar un bultito que sobresale.

Las niñas a menudo alcanzan esta etapa a los doce o catorce años, pero al igual que las otras etapas, muchas niñas alcanzan la

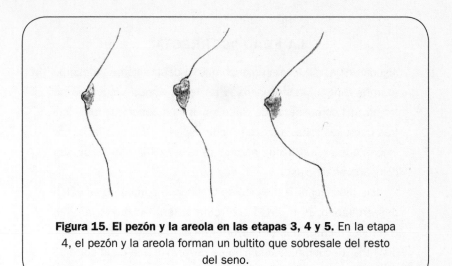

Figura 15. El pezón y la areola en las etapas 3, 4 y 5. En la etapa 4, el pezón y la areola forman un bultito que sobresale del resto del seno.

etapa 4 a edades diferentes. La etapa 4 puede durar desde ocho meses a dos años.

Etapa 5: Etapa adulta

En la etapa 5, el pezón y la areola ya no forman un bultito separado del seno. (Ver nuevamente la figura 15.) Ésta es la etapa adulta. Los senos están totalmente desarrollados. Sin embargo, los senos de algunas niñas siguen creciendo después de haber llegado a esta etapa.

A pesar de que los senos han alcanzado el tamaño adulto, puede que no sean muy grandes. De hecho, algunas mujeres adultas tienen senos más pequeños que los que se ven aquí. (Hablaremos más del tamaño de los senos en las próximas páginas.)

La mayoría de las muchachas alcanza la etapa 5 entre las edades de trece y dieciséis, pero algunas chicas alcanzan esta etapa cuando son menores de trece y otras cuando son mayores de dieciséis.

LA EDAD "CORRECTA"

Algunas niñas se sienten mal porque el desarrollo de su cuerpo es más lento. Están deseosas de tener senos y cuerpos de mujer. Sus compañeras de clase están más desarrolladas mientras que ellas todavía se ven "como niñitas". Por otro lado, hay chicas que se mortifican porque se desarrollan antes que sus compañeras de clase.

Las muchachas a menudo se preocupan porque no se están desarrollando en la edad "correcta". Pero no hay una edad "correcta". Las niñas empiezan a desarrollarse a edades muy distintas. El cuerpo de una niña se desarrolla a la edad correcta para ella. Si estás preocupada por un desarrollo rápido o lento, lee la sección "El inicio de la pubertad: edades y etapas" en las páginas 65–69.

Si te molesta desarrollarte rápido, recuerda que las otras muchachas te alcanzarán pronto. Si te mortifica no desarrollarte a la velocidad que quieres, recuerda que los cambios ocurrirán en su momento. ¡Luego te reirás de haberte angustiado tanto!

Tiempo y ritmo de desarrollo

El desarrollo completo de los senos varía en duración según cada niña. Algunas muchachas empiezan en la etapa 2 y en dieciocho meses ya están en la etapa 5. Otras chicas requieren seis años para pasar de la etapa 2 a la 5. En promedio, el desarrollo de los senos toma de tres a cinco años.

A menudo, la gente piensa que las niñas que empiezan a desarrollar antes que sus compañeras también terminarán su desarrollo antes que las otras chicas de su edad, pero *el inicio* del desarrollo no determina *la velocidad* del desarrollo. El hecho de que una niña empiece primero no significa que terminará primero.

El inicio del desarrollo tampoco tiene nada que ver con *el tamaño* que tendrán tus senos cuando termines de desarrollarte. Alguien que empieza antes puede terminar con senos grandes, medianos o pequeños. Y se puede decir lo mismo de las muchachas que se desarrollan tarde o las que empiezan a desarrollarse en la edad promedio.

Etapas del desarrollo de los senos y tu primer periodo

La mayoría de las chicas tienen su primera menstruación cuando están en la etapa 3 ó 4 del desarrollo de los senos. Sin embargo, algunas muchachas recién tienen su periodo en la etapa 5. Incluso hay unas pocas niñas que tienen su primer periodo en la etapa 2, pero esto no es usual. Si sangras antes de desarrollar botones mamarios o vello púbico, es importante que te examine un médico.

TAMAÑO DE LOS SENOS

Imagina un gimnasio lleno de niñas paradas con los brazos a la altura de los hombros y los codos doblados hacia arriba. Mientras mueven los brazos hacia atrás con fuerza, cantan:

> *Queremos el gusto*
> *De tener mucho busto*
> *Pues una gran copa*
> *Se ve bien en la ropa*

Así eran las clases de gimnasia "en los viejos tiempos". Esperemos que las muchachas ya no tengan que hacer esto. No hay nada de malo en el ejercicio. Es bueno para tonificar y fortalecer los pectorales, los músculos del pecho. Si haces este ejercicio con frecuencia, los pectorales debajo de los senos se vuelven más gruesos. Y eso hace que los senos sobresalgan más, pero los senos en sí no se agrandan. Los senos están formados mayormente por glándulas y tejido graso. No hay ejercicio que logre agrandarlos.

Y si bien el ejercicio en sí está bien, el canto no. Eso de "queremos el gusto de tener mucho busto" pone demasiado énfasis en el tamaño de los senos, como si los senos grandes fueran mejores que los pequeños. Los senos pequeños funcionan igual de bien para producir leche como los grandes. Los senos pequeños son igualmente sensibles a las sensaciones agradables como las caricias y el tacto. Los senos pequeños son tan hermosos como los grandes. Es como la diferencia entre ser morena o rubia. Algunos prefieren un color y algunos prefieren el otro.

Sin embargo, hay tantas mujeres glamorosas con senos grandes en anuncios publicitarios, películas y programas de televisión que es fácil pensar que los senos grandes son más femeninos o más sexy que los pequeños. Te sorprendería saber cuánta gente opina diferente. Además, si alguien basa su opinión sobre ti en el tamaño de tus senos, esa persona no vale la pena.

Pero todavía vivimos en un país con una fijación mental en los senos. Algunas mujeres con senos pequeños se sienten descontentas con su cuerpo. Algunas incluso se someten a operaciones para agrandarse los senos.

El tamaño de los senos también puede ser un problema para mujeres con senos muy grandes. En algunos casos, los senos grandes afectan la postura y causan dolores de espalda. También hay operaciones para reducir los senos a un tamaño más cómodo.

INQUIETUDES ACERCA DEL DESARROLLO DE LOS SENOS

¿Los senos de una niña pueden explotar?
¿Los senos de una niña pueden reventarse como un globo?

Los mayores siempre están diciendo cosas como: "Ah, te estás llenando", o "No te vayas a reventar". Algunas veces los senos me duelen, como si realmente fueran a explotar, por eso pregunto.

—SUSANA, 11 AÑOS

Si esto te preocupaba, puedes dejar de preocuparte. Los senos no se te van a reventar. Hablamos con muchas niñas que tienen inquietudes o preguntas sobre el desarrollo de sus senos. En las próximas páginas, compartiremos contigo esas preocupaciones.

Comezón, dolor o irritación en los senos

A veces, puedes sentir comezón, irritación y hasta mucho dolor en un seno o ambos. Una niña nos dijo:

Realmente estaba preocupada. Tenía unos bultos planos debajo de los pezones. Me dolían todo el tiempo, especialmente si algo los golpeaba o rozaba. Era muy doloroso. Pensaba que algo andaba mal.

—KAREN, 11 AÑOS

A menudo puedes sentir comezón, irritación e incluso dolor durante el desarrollo de los senos. Esto no significa que algo anda mal. Es sólo parte normal del desarrollo. La molestia usualmente desaparece por sí sola. Y el dolor casi nunca es severo. Si hay mucho dolor, la muchacha debe ir al médico para que le recete medicamentos que la ayuden con el problema. Cuando la menstruación empiece, la chica puede notar cierta irritación en los senos que coincide con su periodo. Para mayor información sobre esto, ver el capítulo 6.

CÓMO PROTEGERTE LOS SENOS

El cáncer de seno casi nunca o, más bien, nunca ocurre en adolescentes. Pero lo que comas durante estos años determina tus posibilidades de desarrollar cáncer de seno cuando seas mayor.

¿Por qué? Porque entre la pubertad y el primer embarazo de la mujer, las células en los senos todavía están madurando. En estos momentos, los senos son especialmente vulnerables a los efectos nocivos de sustancias en la dieta y el medio ambiente que causan cáncer. Si una joven se expone a estas sustancias nocivas, puede desarrollar cáncer muchos años más tarde.

Los científicos todavía no saben exactamente lo que causa el cáncer de seno. Pero una dieta alta en grasas (especialmente en grasa animal) puede aumentar tus probabilidades de desarrollar cáncer de seno. De igual manera, las bebidas alcohólicas también aumentan el riesgo.

Por otro lado, una dieta rica en fibra, con muchas frutas y vegetales (especialmente verduras) reduce el riesgo. Si haces ejercicio con regularidad, puedes reducir tu riesgo de desarrollar cáncer de seno.

Para mayor información sobre una dieta sana y ejercicio, lee el capítulo 4. Sigue los consejos y ayuda a protegerte los senos en esta importante etapa de tu vida.

Bultos en los senos

Los botones mamarios se sienten como un pequeño botón debajo del pezón. Las niñas a veces creen que éstos son masas cancerosas, pero el cáncer de mama nunca afecta a niñas con senos que recién empiezan a desarrollarse. Las chicas mayores a veces tienen problemas con bultos en los senos que aparecen junto con sus periodos. (Para mayor información sobre esto, ver páginas 146-148.) Sin embargo, en las niñas que recién empiezan la pubertad, los botones mamarios, como bultitos debajo del pezón, son perfectamente normales, y sólo un aspecto más del crecimiento.

Desarrollo desigual o diferencia en el tamaño

Algunas niñas se preocupan porque un seno se desarrolla antes que el otro. Una niña nos dijo:

> Uno de mis senos empezó a crecer. El otro estaba completamente plano. Temía que nunca fuera a crecer, que sólo tuviera un seno en lugar de dos.
>
> —MICAELA, 14 AÑOS

Otras niñas se preocupan porque un seno es más grande que el otro:

> Mis senos empezaron a crecer al mismo tiempo, pero uno creció mucho más que el otro. Me preocupaba quedarme toda desigual.
>
> —ROSI, 14 AÑOS

A menudo un botón desarrolla debajo de un pezón mientras que el otro seno sigue plano. El segundo botón usualmente toma de seis a doce meses para salir.

Cuando una muchacha está en pleno desarrollo, un seno puede ser notoriamente más grande que el otro. Es perfectamente normal. Es más común desde la etapa 2 a 4. Para cuando la chica llega a la etapa 5, los dos senos usualmente son del mismo tamaño, pero algunas muchachas siguen teniendo una diferencia notoria en tamaño, hasta llegar a la adultez. Si la diferencia es un problema, la mujer puede usar un sostén con relleno o una almohadilla para sostén (ver página 51), o puede someterse a cirugía estética para corregir la diferencia en tamaño. Sin embargo, sólo se puede recurrir a cirugía cuando la chica haya terminado la pubertad. Mientras tanto, puede usar un sostén con relleno o una almohadilla para sostén.

Pezones invertidos

Una niña describió este trastorno:

> Uno de mis pezones no sobresalía. Y el otro sí. El que no salía se había arrugado y metido dentro de sí mismo. No sé por qué.

> —DIANA, 16 AÑOS

Esta chica está describiendo un pezón invertido. Lo que se puede ver es que uno de los pezones o ambos apuntan hacia adentro. Se hunden en la areola en lugar de sobresalir. (Ver figura 16.) A menudo este trastorno se presenta al nacer, pero puede no ser obvio hasta la pubertad. A medida que los senos se desarrollan, el pezón invertido puede empezar a sobresalir o no. También hay mujeres que tienen pezones "tímidos". Esto sucede cuando uno o ambos pezones se invierten al ser estimulados.

Tal vez has escuchado que las mujeres con pezones invertidos no pueden darles de lactar a su bebé. Esto no es verdad. Muchas mujeres

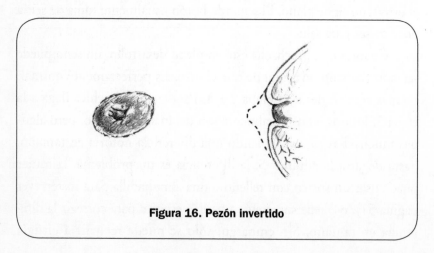

Figura 16. Pezón invertido

con pezones invertidos pueden amamantar a sus bebés, en algunos casos con la ayuda de un simple formador de plástico.

Los pezones invertidos pueden ser propensos a infecciones. Es importante mantenerlos limpios. Si no estás segura de cómo limpiar un pezón invertido, consulta con tu médico o enfermera escolar para que te aconsejen. Después de la pubertad, si un pezón repentinamente se invierte, debes consultar con un médico. Esto no siempre significa que algo anda mal, pero debe verte un doctor. Aparte de esto, los pezones invertidos usualmente no son causa de ninguna preocupación.

Descargas del pezón

Algunas muchachas se preocupan porque les sale líquido del pezón, ya sea de uno o ambos pezones. Usualmente es normal si les sale líquido de los pezones sólo cuando aplastan el pezón y muy de vez en cuando. El cuerpo produce este fluido para mantener abiertos los ductos de los senos. El líquido suele ser blanco, transparente o un poco amarillento o verdoso.

Mayormente, si te sale líquido del pezón, no hay de qué preocuparse. Pero a veces, eso puede ser indicio de un problema médico, de modo que el doctor debe examinar a la niña o joven con pezones que secretan líquido. (Por si acaso, no te aprietes los pezones para tratar de producir secreción de líquido. El apretarlos de hecho puede ocasionar mayor secreción de fluido.)

SOSTENES

¿Cuándo deben empezar a usar sostén las niñas?
¿Es realmente necesario que usen sostén?

No hay respuestas fijas a estas preguntas. Tú tienes que decidir por ti misma. Algunas chicas usan sostén porque es más cómodo. El sostén mantiene firmes los senos y evita que "bailen". Otras muchachas usan sostén porque se sienten incómodas sin él. Otras usan sostén porque temen que los senos se les cuelguen o deformen. En realidad, la deformación ocurre con la edad, cuando las glándulas y ductos son reemplazados por tejido graso. No hay sostén que evite esto. Los embarazos y la lactancia materna pueden agrandar y estirar los senos. Esto promueve que se caigan. (Seguramente has visto fotos de ancianas con senos caídos en revistas como National Geographic. La desnutrición y otros factores causan esto, no la falta de sostén.)

A menudo escuchamos de niñas que quieren usar sostén aunque no lo "necesitan". Una niña escribió:

> Tengo once años... No soy tan desarrollada. En realidad, soy casi
> plana. ¿Les parece tonto que use sostén?
>
> —ANDREA, 11 AÑOS

No es nada tonto usar sostén, aunque seas "plana". Si te molestan porque usas un sostén que no necesitas, puedes decir:

- Ah, me estoy acostumbrando a usar uno.

- Me gustan más que las camisetas interiores.

- Me siento cómoda así.

Algunas niñas nos dicen que les avergüenza pedirles a sus padres que les compren un sostén. Les decimos que se lo pidan de todos modos. Tal vez tus padres estén esperando que tú les menciones el tema. ¡Tal vez temen avergonzarte! Puedes decir:

- ¿Está bien si uso sostén?

- ¿Cuándo creen que debo empezar a usar sostén?

- ¿Qué edad tenías cuando empezaste a usar sostén?

También puedes escribir una nota explicando lo que sientes. Tus padres tal vez te digan: "No seas tonta, todavía no necesitas sostén". Entonces les puedes decir:

- Bueno, tal vez, pero *quiero* uno de todos modos.

- Me sentiría más cómoda usando uno.

Cómo comprar un sostén

Hoy en día hay sostenes a la venta en casi cualquier lugar. Algunas tiendas por departamentos y tiendas como Kmart y Sears usualmente tienen una experta en ello. Es una vendedora que ha sido capacitada especialmente para calcular la talla correcta de sostén que necesitas. Te puede ayudar a escoger el tipo y la talla adecuada para ti. Sus servicios son gratuitos. No hay obligación de comprar nada. Lo lógico es aprovechar este servicio "regalado".

Formadores y sostenes con copa

Los formadores, aunque lo diga su nombre, no le dan forma a tus senos. Algunos formadores tienen copas planas o casi planas. Este tipo es perfecto si te estás empezando a desarrollar. También son excelentes si no has empezado a desarrollarte pero quieres usar sostén.

Algunos formadores y la mayoría de los sostenes normales tienen copas. Esto significa que vienen en diferentes tamaños, por ejemplo 28AAA, 34B, 44D. Las tallas de sostén consisten en dos partes:

- CONTORNO: Este número usualmente va del 28 al 44. El contorno también se llama la talla corporal. Es la medida en pulgadas que se toma a la altura de los senos, y te da vuelta al cuerpo.

- COPA: Se expresa en letras: AAA, AA, A, B, C, D, DD, E y EE. Triple A (AAA) es la copa más pequeña. La doble E (EE) es la más grande.

Cómo tomarte las medidas

Antes de ir de compras, es bueno tener una idea de la talla del sostén. Necesitas una cinta medidora. Alguien te puede ayudar, o lo puedes hacer sola. Párate frente a un espejo, sin ropa de la cintura para arriba o sólo una camiseta delgada. Párate erguida y respira normalmente.

Primero mídete el contorno de tórax (el número). Rodéate el cuerpo con la cinta medidora alrededor de las costillas, justo debajo del busto, como se ve en el dibujo izquierdo de la figura 17. Asegúrate de que la cinta esté a la misma altura adelante y atrás. La cinta debe estar justa, pero no apretada. Una vez que tengas la medida, añade 5 a ese número. Si el resultado es un número impar, añade 1.

Ejemplo: La medida alrededor del pecho y debajo del busto es 26 pulgadas. Le añado 5 a 25 y sale 31. Como 31 es un número impar, añado 1. El contorno es 32.

Luego mide el tamaño de la copa (la letra). Mide el contorno alrededor de tus senos en la parte más ancha (probablemente a la altura del pezón), como se ve en el segundo dibujo de la figura 17. Compara esta medida con la medida del contorno de tórax.

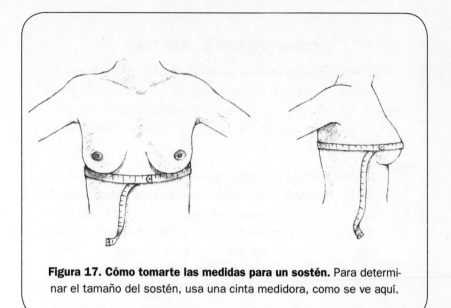

Figura 17. Cómo tomarte las medidas para un sostén. Para determinar el tamaño del sostén, usa una cinta medidora, como se ve aquí.

Si el contorno del tórax es mayor que la medida alrededor de los pezones, tu copa es AAA.

• Si el contorno del tórax y la medida alrededor de los pezones es igual, tu copa es AA.

• Si el contorno del tórax es menor que la medida alrededor de los pezones usa la siguiente guía:

Hasta 1" = A   Hasta 4" = D

Hasta 2" = B   Hasta 5" = DD

Hasta 3" = C   Hasta 6" = E

No te confíes solamente en las medidas. Siempre pruébate el sostén y asegúrate de que te quede bien antes de comprarlo.

CÓMO CUIDAR EL SOSTÉN

No, no tienes que ponerle una correa y sacarlo a pasear. Pero sin el cuidado correcto, un sostén puede volverse un harapo muy pronto. Siempre lee (y sigue) las instrucciones de lavado del sostén. En general, basta seguir dichas instrucciones para que el sostén dure.

- **Lavado:** no uses blanqueador con cloro, porque malogra el elástico del sostén. Lo mejor es lavarlo a mano en agua tibia. Para hacerlo en la lavadora, escoge el modo de lavado con agua más fría. Para evitar que se estire durante el lavado, usa una bolsa de lencería. Esta bolsa de tela delgada o redecilla protege tu ropa delicada. (Pones el sostén en la bolsa, y ésta va en la lavadora con el resto de la ropa.)

- **Secado:** No pongas los sostenes de algodón, con metal o adornos en la secadora. Las vueltas y el calor (aunque sea temperatura baja) pueden causar que el sostén se encoja, se rasgue o que el metal se dañe. Algunos sostenes de nailon sin adornos pueden ponerse en la secadora a temperatura baja. Siempre lee la etiqueta para estar segura.

- **Dale un descanso a tu sostén:** No uses el mismo sostén más de dos días seguidos. De lo contrario, el elástico se vencerá más rápidamente.

Cómo encontrar el sostén correcto

Encontrar el sostén correcto no siempre es fácil. (Es aquí que la experta en lencería puede ser de gran ayuda.) Pruébate diferentes tallas, estilos y marcas antes de decidir.

Si los senos se te salen por los lados o por arriba, pruébate un sostén con una copa más grande. Si la copa se arruga o se hunde, el sostén es demasiado grande. Pruébate uno con una copa más chica o de diferente estilo. Busca un sostén con tiras ajustables. Te permiten ajustar cada lado según el seno. El sostén te debe quedar justo, pero no apretado. Debes poder insertar dos dedos debajo de la banda por atrás. Debe verse a la misma altura que adelante. La banda no se te debe subir. Para verificar que es la talla correcta, junta las dos manos encima de la cabeza. Si el sostén se te sube, no te queda bien.

Por delante, el centro del sostén debe descansar sobre el diafragma, el hueso del pecho. Si se levanta del diafragma, pruébate una talla de contorno más grande. También pruébate una talla de con-

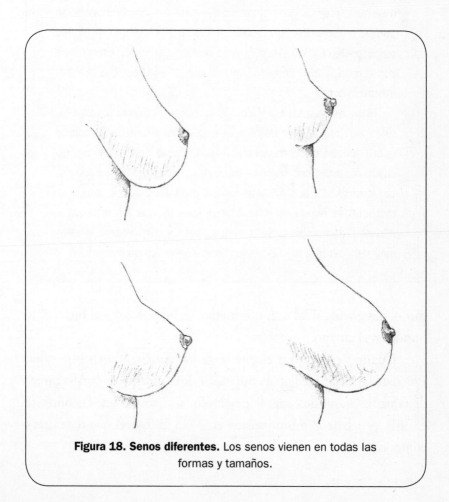

Figura 18. Senos diferentes. Los senos vienen en todas las formas y tamaños.

SOSTENES DEPORTIVOS

Si eres deportista, necesitas un buen sostén deportivo. Los de calidad están hechos de un material que aleja la traspiración de los senos. Esto te mantiene fresca.

Los sostenes deportivos restringen el movimiento de los senos de una de las siguientes dos maneras. Los sostenes de compresión presionan los senos contra la pared del tórax. Son perfectos para senos pequeños y medianos. Para senos más grandes, los sostenes deportivos con copas moldeadas son mejores. Estas copas moldeadas también son una buena opción porque proporcionan protección adicional (por ejemplo, si juegas baloncesto o fútbol). Asegúrate de que tu sostén deportivo tenga por lo menos 25% de lycra u otro material que restrinja el movimiento lateral.

Evita los sostenes con costuras sobre los pezones. Las costuras pueden causar dolor e irritación (un trastorno conocido como "pezón de corredora"). Asegúrate de que el sostén no cause rozamiento debajo del brazo, las costillas o en la espalda. Los cierres del sostén deben estar cubiertos de modo que el metal no se hunda en la piel. Asegúrate de que las tiras no te aprieten los hombros. Salta varias veces y corre estáticamente para verificar que te queda bien el sostén antes de comprarlo.

torno más grande si las tiras te aprietan los hombros o si el metal se te hunde en el cuerpo.

Cuando encuentres el que te gusta, pruébatelo en otra talla. Pruébate la talla inmediatamente *menor* de contorno *con* la talla inmediatamente *mayor* de copa. Por ejemplo, si el sostén que encontraste es 36B, pruébate el mismo sostén en 34C. Escoge el que te sea más cómodo.

Tipos y estilos

Los senos son de todas las formas y tamaños. (Ver figura 18.) Y también los sostenes. Los sostenes con almohadillas, senos falsos o postizos, hacen que los senos se vean más grandes. El sostén con almohadillas tiene una franja de algodón o espuma de goma dentro de la copa. Los senos falsos son senos postizos que se ponen dentro de la copa del sostén.

Los sostenes levantadores *(push-up)* generalmente tienen almohadillas. También juntan los senos, para que se vean más grandes. Los sostenes con metal tienen un alambre flexible cosido en la base y costados de la copa para sostener el busto. También levantan los senos para que se vean más grandes. Vienen con copas parciales o totales. Las copas parciales pueden no sostener suficientemente los senos grandes. La copa total da una apariencia más ordenada si la ropa es ceñida y ayuda a que los senos no bailen.

Los sostenes de copa suave no tienen metal. Generalmente son más cómodos. Pero puede que no controlen bien el movimiento de los senos. También hay sostenes con costuras en la copa. Se cosen dos o más pedazos de tela para formar una copa. Estos sostenes levantan los senos y les dan una forma más agradable, pero los sostenes sin costuras se ven mejor bajo prendas de punto.

OPINIONES SOBRE EL DESARROLLO DE LOS SENOS

Las niñas frecuentemente están emocionadas por el desarrollo de los senos. Una niña nos dijo:

> Estaba feliz de ver que mis senos empezaban a crecer. Primero, los pezones se me agrandaron. Luego los senos empezaron a sobresalir. Me sentía orgullosa. Me sentía grande. Siempre les

hacía notar a mi mamá y a mi hermanita que me estaban creciendo.

—CHARO, 13 AÑOS

Varias mujeres recuerdan haberse sentido avergonzadas por sus
senos. Una chica nos dijo:

Para verme plana, me envolvía el pecho con esas vendas que se
usan cuando te doblas el tobillo. No me sacaba el abrigo y usaba
ropa holgada todo el tiempo. Ahora que soy mayor me puedo
reír, pero en esa época no era nada gracioso.

—NADIA, 22 AÑOS

Las niñas que sedesarrollaron precozmente no eran las únicas
que se sentían avergonzadas. También las muchachas que se desarrollaron tarde a menudo se sentían avergonzadas. Una persona nos
dijo:

Recién empecé a desarrollarme a los dieciséis. Todas, literalmente
todas, tenían senos, menos yo. Todas usaban sostenes y yo sólo
usaba camiseta. Me desaprobaron en gimnasia en la secundaria
porque no quería ducharme. Mi pecho plano me avergonzaba
muchísimo. Finalmente, mi mamá me compró un sostén con
almohadillas. Con el tiempo los senos me crecieron, pero pasé
muchos años de vergüenza porque no me desarrollaba.

—CECILIA, 33 AÑOS

Otra persona nos dijo:

Recién empecé a desarrollarme a los diecisiete. Sentía que algo
andaba terriblemente mal. Tal vez era un hombre y no una

mujer. Se burlaban de mí incesantemente. Los chicos me llamaban "tabla de planchar" porque mi pecho era totalmente plano.

—MARGARITA, 56 AÑOS

Incluso algunas chicas que se desarrollaron al mismo tiempo que las otras se sentían avergonzadas. Como lo puso una muchacha:

Empecé a desarrollarme al mismo tiempo que las demás. Me alegraba que me creciera el busto, pero igual me sentía avergonzada, especialmente en la escuela.

—KIM, 16 AÑOS

ATENCIÓN INDESEABLE Y ACOSO SEXUAL

Nuestros parientes, amigos o los chicos en la escuela pueden burlarse de nosotras porque nos crecen los senos. Incluso los extraños hacen comentarios sobre los cambios en nuestro cuerpo. Los chicos y hombres nos silban o hacen comentarios sexuales. A una muchacha le gustaba este tipo de atención:

Si estoy caminando por la calle y alguien dice, "¡Hola!", o me silba o algo, me siento bien. Es como si dijera, "¡Qué bien te ves!", especialmente si estoy con una amiga o un grupo de amigas.

—MAIRA, 16 AÑOS

A la mayoría de las niñas no les gusta este tipo de atención. Una chica dijo:

Detesto cuando los chicos me miran los senos, silban o me gritan cosas. Me siento como un pedazo de carne. Me siento incómoda y tonta. Pero, ¿qué puedo hacer? ¿Gritarles? ¿Cómo sería

LA HISTORIA DE ÉRICA

Lo que sigue a continuación es de la página web de Érica para víctimas de acoso sexual: (http://erosen.tripod.com/shhelp/index.html):

Si te molestan otros estudiantes, tal vez te hayan hecho sentir que es un caso de "chicos portándose como chicos". Como muchas víctimas, simplemente puedes aceptar que es algo que tienes que aguantar. Pero el acoso a temprana edad puede tener consecuencias muy dañinas.

Conozco los problemas que causa el pasar por algo así. Como víctima de acoso sexual, he buscado la manera de encontrar apoyo para otras víctimas. He llamado a muchos grupos, desde centros para víctimas de violación a organizaciones que informan acerca del acoso sexual. Me dijeron que podía unirme a un grupo de víctimas de agresión sexual.

El consejero me dijo que tenía los mismos problemas que una víctima de violación [sexo forzado, ver página 232]. Temía que a las personas que habían sido atacadas físicamente les molestara mi presencia. Tal vez iban a pensar que mis problemas no eran tan terribles como los de ellas. El consejero me aseguró que me apoyarían.

Todas las chicas en el grupo contaban la misma historia. Un día, ocurrió la violación, y su vida cambió. Sentían dolor e ira contra la persona que las había atacado. Se preguntaban si volverían a ser las mismas.

Muchas dijeron cosas que yo siempre había sentido. Sus emociones eran similares. Pero no escuché algunas de las cosas clave que hacían que mi situación fuera peor. Sentía que nunca había tenido la oportunidad de desarrollar mi personalidad antes de que empezara el acoso sexual. No había un "yo" previo al cual regresar. En mi caso no era cues-

si las chicas fueran por la calle y les miraran los genitales a los hombres y les gritaran cosas como: "¡Qué pene tan grande tienes!?". Los chicos hacen eso. Dicen cosas como: "¡Qué buenos melones!". No me gusta nada.

—RENÉ, 14 AÑOS

tión de una sola cosa horrible que pasó un día. Yo padecí esto todos los días por varios años. Me obligaban a sentarme en una clase con las mismas personas que me acosaban. Tenía que trabajar con ellos en proyectos escolares. Vivía en el mismo vecindario. Tenía que soportar que las muchachas dijeran que era promiscua porque veían cómo me hablaban los chicos. El hecho de que nunca hubiera tenido relaciones sexuales no les importaba.

Lo que me pasó sucedía frente a otros adultos. Una víctima de violación podría haber recurrido a ellos. Pero en mi caso, lo que me hacían se consideraba conducta adolescente, y no hacían nada. Los maestros sólo preguntaban si había un problema en casa para explicar por qué mis notas habían bajado. Una vez, una maestra de danza me dijo que necesitaba un sostén deportivo porque todos los muchachos se me quedaban mirando.

Sé que debe haber miles de víctimas. Pero creo que no saben por lo que han pasado. Yo no sabía. Como mis maestros no me ayudaban, lo acepté. Oculté el sufrimiento y la ira dentro de mí. Sólo supe cuánto me había afectado cuando finalmente exploté.

El acoso sexual no sólo me afectó a mí. Afectó a las muchachas que lo presenciaban. El mensaje que veían era que es aceptable tratar a alguien como un objeto sexual y humillarla porque tiene algo bello en el cuerpo.

Sé que los muchachos que me acosaban pensaban que estaba bien tratar así a las mujeres. Uno de ellos va a la misma universidad que yo. El año pasado me llamaba a altas horas de la noche. Quería que fuera a verlo para "pasarla bien". Poco después violó a una chica de su residencia estudiantil.

Hice esta página web para quienes han padecido esta actitud de que hay que aguantar que "los chicos se comporten como chicos".

La manera en que manejes esta atención indeseable depende de la situación. Si viene de extraños, por ejemplo, hombres que están en un auto, lo mejor es ignorarlos. Hay demasiados locos en este mundo. No quieres meterte en una pelea a gritos con algún demente.

En otras situaciones, puedes manejar las cosas de otra manera. Por ejemplo, si camino a la escuela pasas por un edificio en construcción o una tienda y hay un grupo de hombres que trabajan allí o que siempre se paran en ese lugar, y cada vez que pasas hacen ruidos, gestos y comentarios sexuales, en este tipo de situación, tú o tus padres pueden llamar al dueño de la tienda o jefe de la compañía, mencionarles el problema y hacerles notar que tienen la responsabilidad de que no vuelva a ocurrir.

La atención indeseable de extraños es muy molesta. Puede ser incluso más molesta si viene de personas que conoces y si ocurre en tu escuela o barrio. Si ocurre a menudo, tu escuela o barrio se puede convertir en un lugar de sufrimiento diario. Cuando la atención indeseable llega a este punto, se convierte en acoso sexual. La experiencia de una muchacha con este tipo de acoso se relata en la "Historia de Érica".

Nadie tiene el derecho de hacer gestos ni comentarios sexuales, ni de acercarse a ti si no se lo permites, sean tus compañeros de clase, vecinos, maestros u otros adultos. Cualquier tipo de conducta indeseable de naturaleza sexual puede ser considerada acoso sexual.

El acoso sexual toma muchas formas: verbal, escrito o físico. Puede incluir burlas, bromas, pedidos de favores sexuales, comentarios sobre tu cuerpo, comentarios o preguntas sobre actividades sexuales pasadas o presentes, chistes o cuentos con doble sentido, la dispersión de rumores sexuales o amenazas de violencia sexual. También puede ser en forma de grafiti, notas, fotos, gestos sugestivos, miradas o muecas de naturaleza sexual. A veces el acoso sexual consiste en contacto físico, como tocar o agarrar.

A menudo el acoso sexual tiene lugar en la escuela. En una encuesta a gran escala, ocho de diez adolescentes dijeron haber sido víctimas de acoso sexual en la escuela. Tanto hombres como mujeres pueden ser víctimas, y ambos pueden ser acosadores. En esa misma encuesta, casi siete de diez hombres y cinco de diez mujeres admitieron haber acosado a otros estudiantes. Los maestros y otros adultos pueden ser acosadores, pero el acoso entre estudiantes es mucho más común. Cuando los estudiantes acosan a otros estudiantes se denomina "acoso sexual entre compañeros".

Cómo enfrentar el acoso sexual entre compañeros

Demasiadas veces nos dicen: "simplemente ignóralo". Tal vez este consejo acabe con el acoso en ciertos casos. Pero en la mayoría de los casos, el acoso sexual no termina a menos que alguien confronte al acosador y le diga que deje de hacerlo.

Hay muchas cosas que puedes hacer si te acosan sexualmente en la escuela. Lo que hagas depende de lo que pase, la frecuencia y la gravedad. Aquí algunas sugerencias:

- Dile al acosador que pare.

- Escríbele una carta al acosador. (Puedes enviar la carta por correo, entregarla tú misma o pedirle a otro compañero o a un adulto que la entregue.)

- Pídeles ayuda a tus padres, tu maestro o consejero escolar. (Es más probable que el acosador escuche a un adulto.)

- Infórmale del problema a tu director. Pide ver una copia de la política de tu escuela contra el acoso sexual.

Si nada surte efecto, la última sugerencia de la lista puede lograr el cometido. Los distritos escolares han sido demandados judicialmente y han tenido que pagar altas sumas de dinero por no responder a las quejas de los estudiantes. Estos casos consistían en incidentes repetidos de acoso sexual en los que el problema era suficientemente grave como para afectar la educación del alumno. Las demandas judiciales se presentaron bajo el Título IX de la Ley Federal de Educación, que prohíbe discriminación sexual en las escuelas públicas. Tu distrito escolar tiene un coordinador del Título IX. Pide hablar con esa persona. (Para mayor información, ver la sección de Recursos al final del libro.) Es probable que, en vista de estas demandas judiciales, tu queja sea tomada en serio por funcionarios escolares.

Esperamos que encuentres una manera de ponerle fin a cualquier tipo de acoso sexual en tu vida. La pubertad es especial. Es el momento de sentirte orgullosa por desarrollarte sexualmente. Nadie tiene el derecho de interferir con estas sensaciones tan positivas.

3.
EL VELLO PÚBICO Y OTROS CAMBIOS "ALLÍ ABAJO"

Las mujeres de generaciones pasadas nunca hablaban sobre los órganos sexuales. Si se veían forzadas a mencionar "tales cosas", hablaban de sus "intimidades" o "allí abajo" Pero tú sabes que la *vulva* es el nombre de los órganos sexuales en la parte exterior de tu cuerpo.

En el capítulo 1, aprendiste los nombres de algunas partes de la vulva: el pubis, el clítoris, los labios interiores y exteriores. En este capítulo, te llevaremos en un recorrido guiado de tu propio cuerpo. Aprenderás sobre las diferentes partes de la vulva y cómo cambian a medida que pasas por la pubertad.

Un cambio en la vulva es el crecimiento del *vello púbico*. En este capítulo aprenderás sobre las cinco etapas del crecimiento del vello púbico. En la mayoría de las chicas, el desarrollo del vello púbico o los senos es el primer indicio de la pubertad, por lo que también hablaremos sobre edades y etapas, y el inicio de la pubertad en este capítulo.

Durante la pubertad, la vulva pasa a ser muy sensible a pensamientos y sensaciones sexuales. Al final de este capítulo encontrarás información sobre este cambio en la vulva.

VELLO PÚBICO

En las mujeres adultas, el pubis en forma de triángulo está cubierto de *vello púbico* enrizado. Durante la pubertad, aparecen los primeros vellos púbicos. Los primeros pelitos que te salgan posiblemente no sean muy oscuros. A medida que pasa el tiempo, se oscurecen más. Al final el vello púbico probablemente sea igual o más oscuro que el que tienes en la cabeza, o posiblemente sea de otro color totalmente diferente. El vello púbico es de todos colores: rubio, pardo, negro y rojo. Algunas mujeres tienen mucho vello púbico. Otras tienen menos. Cuánto tienes depende de la química de tu cuerpo y el origen de tu familia. El origen étnico o racial puede desempeñar un papel en esto. Por ejemplo, algunos expertos dicen que las asiáticas tienden a tener menos vello púbico que las mujeres de otras razas. (Sin embargo, los expertos no dicen exactamente qué quieren decir con "asiáticas".)

Opiniones sobre el vello púbico

Para algunas muchachas, el vello púbico es el primer indicio de la pubertad. Algunas chicas con las que hemos hablado estaban emocionadas de que les salga vello púbico. Otras no estaban tan contentas. Varias muchachas dijeron que estaban a la vez emocionadas y asustadas o indecisas al respecto. Esto es lo que dijeron las muchachas con las que hablamos:

NO SE LOS SAQUEN, ¡POR FAVOR!

Vi tres rulitos negros. No sabía lo que eran, por lo que busqué las pinzas y me los saqué. Pronto, volvieron a crecer. Había más y más de ellos, o sea que me imaginé que era normal.

—KATIA, 9 AÑOS

Varias muchachas dijeron que se sacaron su primer vello púbico. Con esto no te desharás del vello púbico. Volverá a crecer. Además, ¡ay! ¡Jalarse vellos púbicos duele!

Un día me estaba bañando. Noté que me estaban creciendo tres pelitos rizados allí abajo. Comencé a gritar para que mi mamá viniera a ver. Me sentí toda una adulta.

—MARTA, 9 AÑOS

Simplemente no estaba lista. Recuerdo cuando vi por primera vez que me estaban saliendo vellos púbicos. Pensé: Ay, no. No quiero que me comience a pasar esto. Luego me salieron senos. Era como si de buenas a primeras, hubiera comenzado a tener cuerpo de adulta, pero aún me sentía chica por dentro.

—MARGARITA, 13 AÑOS

Temía que iba a tener que actuar como adulta y ponerme tacones todo el tiempo en vez de saltar y trepar árboles, pero en realidad, resultó que hacía las cosas de siempre.

—JULIA, 15 AÑOS

Es posible que te sientas bien o mal (o un poco de las dos cosas) sobre los cambios que suceden en tu cuerpo. De todos modos, es una gran ayuda tener a alguien con quién hablar sobre lo que estás sintiendo. Leer este libro con alguien posiblemente sea una buena manera para que comiences a hablar sobre estos cambios.

CINCO ETAPAS DEL CRECIMIENTO DEL VELLO PÚBICO

Los médicos dividen el crecimiento del vello púbico en cinco etapas. Estas etapas se muestran en la figura 19. Lee sobre las diferentes etapas en las páginas siguientes. Luego compara tu cuerpo con los dibujos en la figura 19. ¿Cuál etapa de crecimiento de vello púbico se parece más a la tuya?

De paso, las etapas por las que pasan los senos y el vello púbico no siempre son iguales. Es posible que estés en una etapa del desarrollo de senos y en una etapa diferente de crecimiento de vello púbico. Por ejemplo, es posible que estés en la etapa 2 del desarrollo de senos y la etapa 1 del crecimiento de vello púbico (o viceversa). O sea que no te preocupes si las etapas por las que pasan tus senos y vello púbico no son las mismas. ¡Es perfectamente normal! Cuando estas etapas no son iguales, generalmente no hay una gran diferencia entre las dos. Pero no siempre es el caso. A veces un tipo de desarrollo es bastante más lento que el otro. Por ejemplo, a veces una muchacha está en la etapa 4 del desarrollo de los senos antes de que le salga su primer vello púbico. Esto también es perfectamente normal.

Etapa 1: Niñez

Ésta es la niñez o la etapa previa a la pubertad. No hay vellos púbicos. Quizá tengas un poco de vellos en la vulva en esta etapa. Si es así, se trata del pelo claro y suave que crece en el vientre y otros lugares.

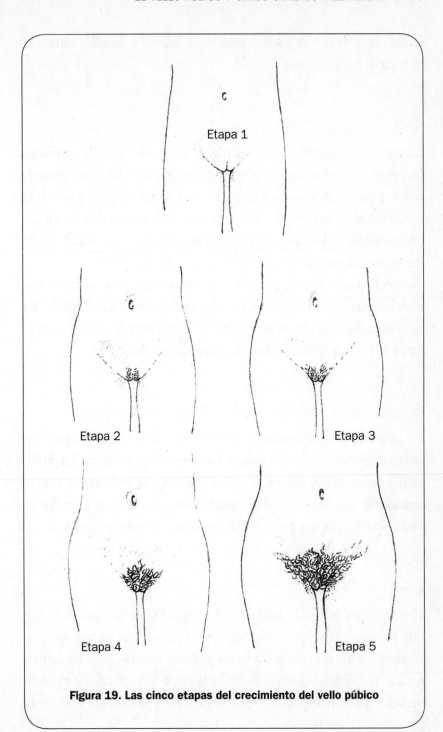

Figura 19. Las cinco etapas del crecimiento del vello púbico

Estos vellos de la niñez son cortos, finos, suaves y de color claro. No se trata de vello púbico.

Etapa 2: Aparecen los primeros vellos púbicos

Esta etapa comienza cuando aparecen los primeros vellos púbicos. Los primeros pelos son lacios o un poco rizados. Tienen un poco de color, pero no mucho. Son más gruesos y largos que los vellos de la niñez vistos en la etapa 1. Estos primeros vellos generalmente crecen en los bordes de los labios exteriores. Posiblemente haya pocos. Quizá sea necesario que los mires muy de cerca para verlos.

A la mayoría de las niñas les comienza a salir vello púbico e inician la etapa 2 cuando tienen de ocho años y medio a once años. Sin embargo, algunas chicas son menores o mayores cuando inician la etapa 2. Ésta típicamente dura de nueve a dieciséis meses.

Etapa 3: El crecimiento se extiende al pubis

En esta etapa, el vello púbico crece en el pubis, como también los labios exteriores. Los vellos crecen mayormente en el centro del pubis, arriba de los labios. Hay más vellos púbicos que en la etapa 2, pero todavía no muchos. Los vellos también son más oscuros y rizados en esta etapa. La etapa 3 puede durar varios meses o dos años o más.

Etapa 4: El crecimiento continúa

Hay bastante más vello púbico de lo que había en la etapa 3. Cubre una porción mayor del pubis. Los vellos púbicos ahora son oscuros, enrizados y ásperos como los vellos púbicos adultos, pero no cubren un área tan extensa como lo harán en la etapa 5. Se puede ver el inicio de la forma de triángulo. La forma que tendrá en la etapa adulta aún no está clara. Generalmente la etapa 4 dura de ocho meses a dos años o más.

Etapa 5: Etapa adulta

Ésta es la etapa adulta. El vello púbico es áspero y enrizado. Ahora llega al borde del muslo en ambos lados. Generalmente crece en forma triangular. En algunas mujeres, sin embargo, el vello púbico crece hasta el ombligo o en los muslos.

Etapas del crecimiento del vello púbico y tu primer periodo

Las muchachas, en su mayoría, tienen su primer periodo cuando están en la etapa 3 ó 4 del crecimiento del vello púbico. También hay quienes no tienen su primera regla hasta la etapa 5. A unas cuantas chicas les viene la regla mientras aún están en la etapa 2 del crecimiento del vello púbico, aunque esto es menos común.

Si te viene la regla o sangrado antes de que desarrolles senos o vello púbico, debes consultar a tu médico y hacerte examinar.

EL INICIO DE LA PUBERTAD: EDADES Y ETAPAS

El vello púbico puede ser un indicio externo de que una muchacha está iniciando la pubertad. De hecho, los vellos púbicos o botones mamarios (o ambos) son el primer indicio de la pubertad para la mayoría de las muchachas. Cuando una muchacha llega a la etapa 2 de ya sea el crecimiento de vello púbico o desarrollo de los senos, oficialmente se inicia la pubertad.

Pero recuerda: Cada muchacha comienza la pubertad a una edad diferente. Cada una de nosotras tiene su propio reloj biológico de desarrollo.

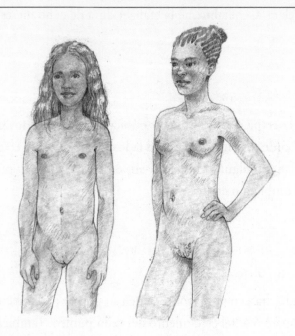

Figura 20. Dos muchachas. La muchacha a la izquierda tiene casi doce años. Todavía no ha iniciado la pubertad. La niña a la derecha sólo tiene diez años, pero ya está en la etapa 3 del desarrollo de senos y vello púbico.

Considera las muchachas en la figura 20, por ejemplo. Ambas muchachas son completamente sanas y normales en todos los aspectos. La chica a la derecha sólo tiene diez años. Ya ha comenzado la pubertad. De hecho, ya está en la etapa 3 del desarrollo de senos y la etapa 3 del crecimiento de vello púbico. La chica a la izquierda tiene casi doce años. No se ha comenzado a desarrollar. Aún no entra en la pubertad.

Estas muchachas tienen relojes biológicos diferentes y están en etapas distintas del desarrollo, pero ambas muchachas están desarrollándose normalmente, a la edad y tiempo correctos para su propio cuerpo.

Inicio temprano/inicio tardío —¿Por qué?

¿Por qué algunas muchachas comienzan temprano, a menor edad, y otras empiezan cuando son mayores? No sabemos la respuesta completa a esta pregunta. Parte de lo que sí sabemos es bastante sorprendente. Por ejemplo, *el lugar* donde vives posiblemente afecte *el inicio* de la pubertad. Las muchachas que viven en altura, en las montañas, comienzan a desarrollarse después que las muchachas que viven a nivel del mar. La dieta y nutrición también pueden afectar la edad en la que se inicia la pubertad. Las muchachas desnutridas tienden a desarrollarse más tarde que las muchachas que tienen una dieta adecuada. Por otro lado, las jóvenes que tienen sobrepeso tienden a desarrollarse antes que las muchachas de peso normal.

Antecedentes familiares

El origen de tu familia tiene mucho que ver con el momento en que comienzas a desarrollarte. Las muchachas tienden a seguir los pasos de las mujeres en su familia. Por ejemplo, si éstas comenzaron la pubertad a una edad temprana, lo más probable es que tú también lo hagas. Si provienes de una familia de mujeres con inicios tardíos, tú probablemente no entrarás en la pubertad sino hasta que seas un poco mayor.

Ésta no es una norma rígida. Quizá tu caso sea diferente al de tu familia. Por ejemplo, en una muchacha con parientas que comenzaron tarde, la pubertad podría comenzar a la edad promedio o incluso más temprano. También es posible que no exista un patrón común entre las mujeres de tu familia. Es posible que haya quienes iniciaron el desarrollo temprano, a la edad promedio y tarde. Pero las mujeres de la misma familia a menudo se parecen en este sentido. Por lo tanto, vale la pena preguntarles a tus parientas cuándo comenzaron a desarrollarse.

Hoy en día, la pubertad se está iniciando más temprano

¿La mayoría de tus parientas tiene más de diez años que tú? Si es así, es posible que tú inicies la pubertad a una edad menor que ellas. Las muchachas de hoy parecen estar desarrollando senos y vello púbico antes que las de hace diez o veinte años.

En el pasado, en promedio, el desarrollo de senos y vello púbico comenzaba alrededor de los once o doce. Sin embargo, en 1997, un nuevo estudio mostró que las muchachas se estaban desarrollando a menor edad. En este estudio participaron más de 17.000 chicas afroamericanas y de raza blanca, de tres a doce años. En promedio, las muchachas afroamericanas comenzaron la pubertad entre los ocho y nueve años; las muchachas blancas comenzaron más tarde, alrededor de los diez años. También hubo varias muchachas en el estudio que se desarrollaron incluso a menor edad. Veintisiete por ciento de las niñas afroamericanas de siete años habían comenzado a desarrollar ya sea senos, vellos públicos o ambos. Aproximadamente 7% de las niñas blancas de siete años ya estaban desarrollando senos, vello púbico o ambos. (Veintisiete por ciento significa veintisiete de cada cien. Siete por ciento significa siete de cada cien.)

Antecedentes raciales y étnicos

Cada grupo racial y étnico posiblemente tiene una diferente edad promedio para el inicio de la pubertad. En Estados Unidos, tenemos muchachas de muchos grupos raciales y étnicos diferentes. Desafortunadamente, no contamos con estudios actualizados sobre todos estos distintos grupos. El estudio mencionado arriba, que compara a chicas afroamericanas y blancas, es uno de los pocos estudios de ese tipo. Éste mostró que, en promedio, las muchachas afroamericanas comienzan a desarrollarse aproximadamente un año antes que las blancas. No comprendemos del todo por qué existen estas diferencias. Tampoco sabemos mucho sobre otros grupos raciales o étnicos. Pero suponemos que, en promedio, las muchachas de otros grupos raciales y étnicos probablemente inicien la pubertad pocos meses antes o después que las muchachas blancas.

Recuerda, sin embargo, que no todas están dentro del promedio. Hay ciertas muchachas que desarrollan senos y vello púbico mucho antes o mucho después que la chica promedio en su grupo. También hay muchas chicas blancas que se desarrollan *antes* que sus compañeras afroamericanas. A pesar de que es difícil ser diferente, debes recordar que no existe una edad "correcta" para todos. Tu cuerpo se desarrolla a la edad correcta para ti.

¿Soy normal?

Al parecer, todos se hacen esta pregunta en algún momento durante la pubertad. La respuesta casi siempre es "sí", pero a veces un problema médico puede retrasar la pubertad o causar que comience demasiado tarde. No siempre es fácil saber qué es "demasiado temprano" o "demasiado tarde", por lo que en las próximas páginas, te daremos algunas pautas sobre cuándo debes ir al médico. Los médicos pueden tratar este tipo de problemas.

A veces todas las compañeras de clase de una muchacha ya han entrado a la pubertad, pero ella no ha mostrado señal alguna de ella. Esto generalmente significa que en esa muchacha simplemente va a iniciarse tarde. Sin embargo, de vez en cuando, una muchacha puede tener un problema médico que evita que entre en la pubertad. Como norma general, las muchachas que no presentan señal alguna de la pubertad a los trece o catorce años deben consultar a un médico. En otras palabras, una muchacha que aún se encuentra en la etapa 1 del desarrollo de senos y en la tapa 1 del crecimiento de vello púbico cuando cumple catorce años debe ser examinada por un médico. Ya que las muchachas afroamericanas generalmente comienzan a desarrollarse antes, deben usar su decimotercer cumpleaños como guía.

Las jóvenes que se desarrollan temprano a menudo se preocupan tanto como las que lo hacen tarde. En la mayoría de los casos, sin embargo, comenzar temprano no significa que te está pasando algo malo. Simplemente quiere decir que te estás desarrollando antes que otras muchachas. Sin embargo, de vez en cuando, comenzar temprano puede ser indicio de un problema médico. Las muchachas afroamericanas que desarrollan vello púbico o senos antes de los seis años deben consultar a un médico. Otras muchachas deben ir al médico si comienzan a desarrollarse antes de los siete.

Por supuesto, que no siempre tienes que seguir estas pautas. Si piensas que algo va mal con el desarrollo de tu cuerpo, anda al médico, sin importar la edad que tengas. Si resulta que tienes un problema médico, lo detectarás mucho antes. Si no tienes un problema, te sentirás mejor de saber que no tienes nada.

LA VULVA—UN RECORRIDO GUIADO

Ahora, de regreso a los cambios en la vulva. La figura 21 muestra la vulva de una muchacha que ya ha concluido la pubertad. Si aún no has entrado en la pubertad o recién lo has hecho, tu vulva no será igual a la de una muchacha plenamente desarrollada. Durante la niñez, los labios exteriores son suaves y no tienen vellos, y los labios interiores no se notan mucho. La apertura urinaria y la vaginal son muy pequeñas, y es difícil verlas. Durante la pubertad, el vello púbico comienza a crecer en el pubis y los labios exteriores. Los labios interiores se vuelven carnosos. El clítoris es más grande. La apertura urinaria y la vaginal también son más grandes y fáciles de ver que en la niñez. El himen, un pequeño tejido cerca de la apertura vaginal, también es más visible. (Hablaremos más sobre el himen más adelante en nuestro recorrido.)

En la muchacha madura mostrada en la figura 21, el vello púbico ha alcanzado la etapa 5. Los labios interiores y exteriores se han engrosado bastante. El clítoris, el orificio urinario y la apertura vaginal son de tamaño adulto.

La muchacha en la parte superior de la figura 21 está usando un espejo para examinarse la vulva. Con un espejo, es fácil ver las diferentes partes de la vulva. Puedes aprender sobre estos órganos al comparar tu propio cuerpo con este dibujo. Probablemente no te veas *exactamente* como este dibujo. Quizá no te hayas desarrollado tanto

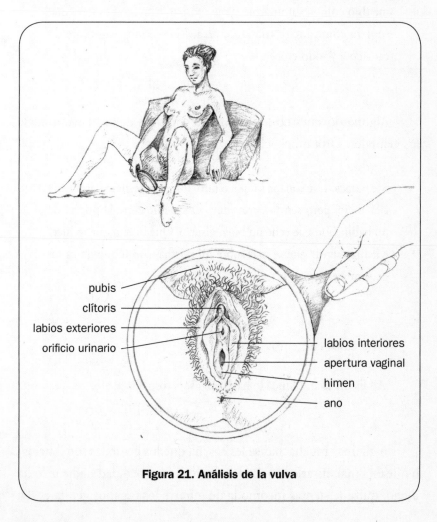

pubis

clítoris

labios exteriores

orificio urinario

labios interiores

apertura vaginal

himen

ano

Figura 21. Análisis de la vulva

como esta muchacha. Al igual que la cara, el cuerpo de cada persona es un poco diferente. De todos modos puedes comparar este dibujo con tu propio cuerpo y tratar de encontrar las partes de la vulva. Con un poco de práctica, las características de tu vulva se volverán tan evidentes como la nariz en la cara.

Algunas muchachas piensan que es buena idea usar un espejo para aprender sobre el cuerpo. Como dijo una chica en nuestra clase:

> Sí, me he mirado allí muchas veces. Mi mamá trajo un espejo, me dijo cómo examinarme y me mostró ilustraciones para que supiera cómo luciré cuando crezca. Me enseñó el nombre de cada cosa y todo eso.
>
> —CARLA, 10 AÑOS

Algunas jóvenes no se sienten tan cómodas de tocarse o mirarse los genitales. Otra muchacha dijo:

> Me pareció que sonaba un poco raro, tomar un espejo y mirarme allá abajo, pero sentía curiosidad. O sea que cerré la puerta de mi habitación y le eché un buen vistazo. Qué bueno que lo hice. Me hizo sentir que sé más sobre mí misma, como que no es un gran misterio.
>
> —CECILIA, 12 AÑOS

Otra chica comentó:

> ¡Aj! Es un asco. Nunca lo haría. Es asqueroso allá abajo.
>
> —CARMEN, 11 AÑOS

A algunas muchachas se les enseña que los genitales son "sucios" o que está mal mirarlos o tocarlos. Incluso si en realidad nadie te lo ha dicho, quizá te sientas incómoda de mirarte los órganos genitales. La

TIENE OTRO NOMBRE

El pubis también es conocido como monte pubiano. El pubis a su vez tiene un nombre más largo: el monte de Venus, por la diosa del amor. O sea que ese nombre implica que es el "monte del amor".

El pubis se llama monte pubiano porque protege los huesos púbicos. Pubis se refiere tanto a la parte inferior del vientre como los huesos pubianos.

Los labios exteriores e interiores también se llaman labios vaginales o labios mayores y menores, respectivamente. Mayor se refiere a que es "superior en importancia o tamaño". Los labios exteriores están antes de los labios interiores y generalmente son más grandes. Por eso, el nombre médico de los labios exteriores es *labia majora*. El nombre médico de los labios interiores es *labia minora*.

gente no habla mucho de ellos. Y, como todas sabemos, si es horrible hablar de algo, ¡realmente debe ser horrible!

Pero no hay nada horrible ni sucio sobre la vulva. Algunas personas se sienten incómodas porque es una parte sexual del cuerpo y se sienten incómodas con cualquier cosa que tenga que ver con el sexo. Otras personas piensan que los órganos genitales son sucios porque las aperturas por las cuales salen la orina y heces del cuerpo están en esta zona. Pero por lo general, la boca tiene más gérmenes que esta parte del cuerpo.

En las siguientes páginas, haremos un recorrido guiado de la vulva. Explicaremos cómo cambian los genitales durante la pubertad. Si no te gusta tocarte o mirarte los órganos genitales, está bien. Simplemente lee estas páginas y mira las ilustraciones. No queremos que hagas nada que no te gusta. Pero si quieres hacerlo, puedes usar un espejo para mirarte mientras lees.

El pubis

Comenzaremos nuestro recorrido en la parte superior de la vulva. Aquí encontraremos el pubis. Es un cojinete de tejido graso sobre el hueso púbico. Si te paras de costado frente al espejo, puedes ver el pubis. Es la carne que sobresale un poco en la zona genital. El pubis protege los huesos púbicos que están debajo. Si presionas el pubis puedes sentir los huesos púbicos.

Como sabes, el vello púbico crece en el pubis durante la pubertad. El cojinete de tejido graso sobre los huesos púbicos también se engrosan. Esto hace que el pubis sobresalga más.

Los labios exteriores

La parte inferior del pubis se divide en dos dobleces de piel. Ésos son los labios exteriores. Son relativamente planos y suaves antes de la pubertad. Durante la pubertad, el tejido graso los hace más gruesos. En la vejez, los labios pueden perder grasa y volverse planos y suaves nuevamente.

En los niños, los labios exteriores generalmente no entran en contacto. Pero cuando los labios se engrosan durante la pubertad, a menudo comienzan a juntarse. En las mujeres adultas, los labios generalmente se tocan. Después de partos o en la vejez, los labios pueden volver a separarse.

Las caras ocultas de los labios no tienen vellos. En los niños, las caras ocultas también son suaves. Durante la pubertad, quizá notes bultitos en la piel de la cara oculta de los labios. Se trata de glándulas sebáceas. También producen una pequeña cantidad de grasa, que lubrica el área y la protege de la irritación. También hay glándulas sudoríparas especiales en los labios exteriores. Estas glándulas maduran en la pubertad y pueden causar un cambio en el olor del cuerpo. (Para mayor información, ver páginas 114–117.)

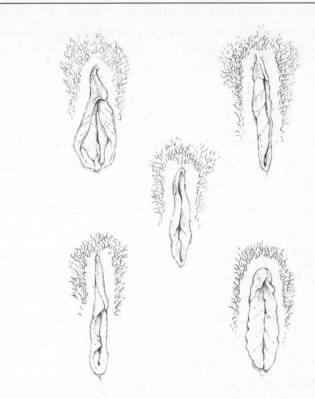

Figura 22. Los labios interiores. Los labios interiores son distintos en cada mujer.

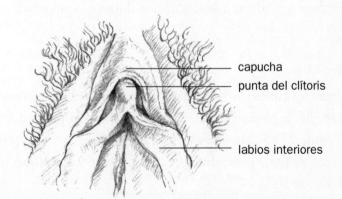

capucha

punta del clítoris

labios interiores

Figura 23. El clítoris

Durante la niñez, esta área puede ser color rosado claro hasta color pardo negruzco. Depende del tono de tu piel. El color tiende a cambiar durante la pubertad.

Los labios interiores

Si separas los labios exteriores, verás los dos labios interiores. Durante la niñez, los labios interiores son pequeños. Durante la pubertad, crecen y son más visibles. Al igual que los labios exteriores, protegen el área entre ellos. Tienden a cambiar de color y volverse más arrugados durante la pubertad.

La figura 22 muestra los labios interiores de diferentes mujeres. En la mayoría de las mujeres, los labios interiores son más pequeños que los labios exteriores, pero en algunas mujeres los labios interiores sobresalen más que los labios exteriores. Los dos labios interiores generalmente son de aproximadamente el mismo tamaño. Sin embargo, a veces, uno es más grande que el otro.

Los labios interiores tanto de las muchachas como las mujeres adultas no tienen vellos. Generalmente se lubrican más a medida que pasamos por la pubertad. También tienen glándulas sebáceas que comienzan a producir más lubricación durante la pubertad.

El clítoris

Si sigues los labios interiores hacia arriba, hacia el pubis, verás que se juntan. En el punto en que se encuentran está la punta del clítoris. (Ver figura 23.) Su tamaño y forma varía de mujer a mujer, pero en las mujeres adultas, generalmente es del tamaño aproximado de un borrador de lápiz.

Un doblez de tejido arriba de la punta del clítoris forma una "capucha". La capucha puede tapar parte o toda la punta del clítoris. Quizá tengas que jalar la capucha hacia atrás para verlo. Incluso entonces, sólo verás la punta. El resto del clítoris está debajo de la piel. Si presionas la piel arriba del clítoris, quizá puedas sentir un cordón elástico debajo de la piel. Se trata del glande del clítoris.

El clítoris tiene muchísimas terminaciones nerviosas. Hacen que el clítoris y la zona alrededor de éste sean muy sensibles a la presión o tacto directo o indirecto. Tocar esta zona del cuerpo nos puede causar sensaciones de excitación y cosquilleo. De hecho, el clítoris es un órgano de placer sexual para las mujeres. Al final de este capítulo, hablaremos más sobre el placer sexual. Pero por ahora, continuemos nuestro recorrido de la vulva.

El orificio urinario

Al ir hacia abajo del clítoris, llegarás al orificio urinario. La orina (pis) sale del cuerpo por esta apertura. Durante la pubertad, el orificio urinario pasa a ser más grande de lo que era durante la niñez.

Quizá sea difícil que veas exactamente dónde está el orificio urinario. Al bajar en línea recta desde el clítoris, es el primer punto con un agujero al que llegas. Posiblemente parezca una *V* invertida. En ambos lados del orificio urinario hay ranuritas. Se trata de aperturas para dos glándulas. Producen cantidades pequeñas de líquido para mantener la zona lubricada. En algunas mujeres, las aperturas glandulares son tan pequeñas que no se ven. En otras, las aperturas son más grandes y se pueden confundir con el orificio urinario.

La apertura vaginal

Una vez que encuentres el orificio urinario es fácil encontrar la apertura vaginal o el introito de la vagina. Simplemente baja del orificio urinario en línea recta y llegarás a la apertura vaginal. (Recuerda que la vagina en sí está dentro del cuerpo.)

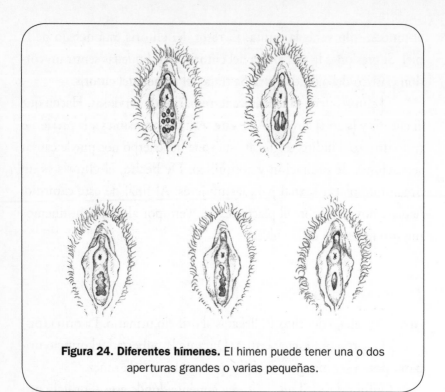

Figura 24. Diferentes hímenes. El himen puede tener una o dos aperturas grandes o varias pequeñas.

En las niñas, la apertura vaginal no es muy grande. Durante la pubertad, la vagina comienza a crecer, y la apertura vaginal se agranda. Los dibujos de la apertura vaginal pueden ser muy confusos. A menudo muestran la apertura vaginal como un gran orificio negro. No lo es.

La vagina es como un globo. Tanto la vagina como su apertura pueden expandirse varias veces. Se pueden estirar lo suficiente para que el pene del hombre entre en ella durante las relaciones sexuales. Cuando una mujer tiene un bebé, se expanden aun más. Esto permite que el bebé pase por la vagina durante el parto. La mayoría del tiempo, la vagina no está estirada, y sus lados están planos, uno contra el otro. Es como un globo que aun no se ha soplado. Imagínate lo que verías si miraras dentro de la apertura del cuello de un globo sin inflar. No verías un orificio negro. Verías las superficies del globo apoyadas una

¿EL MÉDICO SE PUEDE DAR CUENTA?

Si un médico te examina el himen, ¿puede darse cuenta si has tenido relaciones sexuales?

Las muchachas hacen esta pregunta por diferentes motivos. Algunas simplemente tienen esa curiosidad. Algunas han tenido relaciones y están preocupadas de que el médico se entere. Otras han sido víctimas de abuso sexual o violación (coito forzado) y quieren saber si se puede usar la condición de su himen como prueba.

Un médico no puede determinar a ciencia cierta si una chica ha tenido relaciones sexuales o no en base a la condición del himen. El himen que no parece estar estirado o rasgado puede indicar que la muchacha no ha tenido relaciones, pero no es una prueba definitiva. El motivo: algunas muchachas tienen relaciones sexuales muchas veces sin que el himen se les estire o rasgue. Y también pasa lo contrario. Un himen estirado o rasgado puede ser indicio de que la muchacha ha tenido relaciones, pero no es una prueba definitiva. Algunas chicas que nunca han tenido relaciones sexuales tienen hímenes que parecen haber sido estirados o rasgados. En casos de abuso sexual, un himen estirado o rasgado puede usarse, junto con otras pruebas, para respaldar una acusación de abuso. Pero generalmente la condición del himen de por sí no es prueba de actividad sexual.

contra la otra. Ocurre lo mismo con la vagina. Si miras en la apertura vaginal, no ves un orificio negro. Ves las paredes interiores de la vagina apoyadas una contra la otra.

Si estás usando un espejo para examinarte el cuerpo, échale un vistazo. Garantizamos que no verás un orificio negro. Sin embargo, no prometemos que verás las paredes interiores de la vagina. El himen puede estar tapándolas.

El himen

El himen también es llamado "virgo". Es un pedazo delgado de tejido justo dentro de la apertura vaginal. El himen cobra muchos tamaños y formas. Algunos son apenas un aro de tejido alrededor de la apertura vaginal. Otros se estiran a través de toda la apertura vaginal o parte de ella, y tienen una o más aperturas. (Estas aperturas permiten que el flujo menstrual salga del cuerpo cuando una muchacha tiene la regla.) La figura 24 muestra los diferentes tipos de himen.

Incluso con un espejo, es posible que no puedas identificar el himen. Antes de la pubertad, el himen es muy delgado. Si ya has entrado en la pubertad, es posible que se te haga difícil verlo. Durante la pubertad, el himen pasa a ser más grueso. Es posible que cambie y que le salgan dobleces. Estos cambios hacen que sea más fácil ver el himen, pero quizá tengas dificultad en distinguir el himen fruncido de los dobleces de las paredes vaginales. En mujeres que han tenido relaciones sexuales, el himen generalmente no se parece a los de la figura 24. Cuando una mujer tiene relaciones por primera vez, el pene erecto que entra en la vagina generalmente causa que el himen se estire un poco y hasta se desgarre. (Esto puede causar una cantidad muy pequeña de sangrado y cierta incomodidad o dolor, aunque esto generalmente no es severo ni duradero.) En las mujeres que han comenzado a tener relaciones, es posible que el himen sea poco más que unos cuantos pedazos de tejido o un borde irregular de tejido.

El coito es la manera más común de hacer que el himen se estire o rasgue, pero los accidentes o lesiones también pueden estirar o rasgar el himen. Sin embargo, las lesiones en las que se penetra la vagina y se rasga el himen son poco comunes. Quizá hayas oído que actividades como montar caballo, la gimnasia u otros deportes parecidos pueden rasgar o estirar el himen. Pero estudios recientes muestran que no es así.

El ano

Debajo de la apertura vaginal se encuentra el *ano*. Las heces salen del cuerpo por medio de esta apertura. La piel alrededor del ano posiblemente se oscurezca durante la pubertad. También puede comenzar a crecer vello púbico aquí. Pero el ano realmente no es parte de la vulva. Lo mencionamos sólo porque está en la misma parte del cuerpo.

Con esto concluimos el recorrido de la vulva. Durante la pubertad, la vulva puede volverse muy sensible a los pensamientos y sentimientos sexuales. El clítoris y la zona alrededor de él son especialmente sensibles. Esta parte del cuerpo puede ser fuente de fuertes sensaciones sexuales. Entonces, antes de concluir este capítulo, queremos hablar sobre la masturbación y la respuesta sexual femenina.

LA MASTURBACIÓN

Tocarse, frotarse o estimular de diferentes maneras los órganos genitales para lograr placer sexual se denomina masturbarse. *Las m*ujeres comúnmente se masturban tocándose, frotándose o acariciándose el clítoris u otras partes de la vulva.

No todas se masturban. Pero la mayoría de nosotras sí lo hace. Personas de todas las edades y ambos sexos se masturban. (Los varones se masturban frotándose, tocándose o acariciándose el pene.) Algunas de nosotras comenzamos a masturbarnos de niñas y continuamos haciéndolo por el resto de nuestra vida. Algunas de nosotras comenzamos durante la pubertad. Otras no comenzamos hasta que somos mayores. Algunas de nosotras nunca nos masturbamos. Es normal hacerlo como también lo es no hacerlo.

Quizá hayas oído todo tipo de relatos extraños sobre la masturbación. La gente solía pensar que la masturbación podía causar ceguera, demencia o retraso mental. Esto no es cierto. (Si lo fuera, ¡habría mucha gente loca, ciega o retrasada por allí!) Quizá hayas oído que la masturbación hará que disfrutes menos de las relaciones sexuales con otras personas. Tampoco es cierto. Masturbarse es una manera de practicar y prepararte para tu vida sexual adulta. Aprender cómo darte placer puede ser el primer paso para aprender cómo darle placer sexual a otra persona algún día.

¿Es posible que masturbarse "demasiado" afecte a la persona? La respuesta es no. No le sucede nada malo al cuerpo, sin importar cuánto te masturbes. La masturbación no es físicamente dañina para nada. (Es posible que si te frotas los órganos genitales mucho, sientas un poco de dolor.)

Algunas personas se masturban todos los días. Otras se masturban muchas veces al día. Otras sólo se masturban de vez en cuando y otras nunca lo hacen. A algunas personas les gusta imaginarse cosas que las excitan cuando se masturban. Imaginarse que algo está sucediendo se llama fantasear. Fantaseamos sobre todo tipo de cosas. Casi todos tienen fantasías sobre el sexo. Estas fantasías pueden ayudarnos a conocernos mejor sexualmente. Entonces, te aconsejamos lo siguiente: relájate y disfrútalo.

Sin embargo, tener fantasías sobre el sexo y masturbarse va en contra de la religión o creencias morales de algunas personas. Personalmente, pensamos que la masturbación es buena para ti. Y la mayoría de la gente también cree que es moralmente aceptable. Pero si crees que la masturbación está mal, puedes decidir no hacerlo. De todos modos, debes saber que la masturbación *no* es físicamente dañina de ninguna manera. De hecho, los expertos, en su mayoría, concuerdan que la masturbación es saludable, normal y buena para ti.

La excitación sexual y el orgasmo

Excitación sexual significa "estar sexualmente excitado". Cuando una mujer está estimulada sexualmente, posiblemente note una sensación de más humedad en los órganos genitales. Como aprenderás en el

EL PUNTO G

Los hombres por lo general eyaculan cuando tienen un orgasmo. (Si recuerdas, la eyaculación es cuando sale una pequeña cantidad de fluido cremoso de la parte superior del pene.) Las mujeres no eyaculan como lo hacen los hombres. Sin embargo, algunas mujeres informan que sueltan un chorro de líquido durante orgasmos. Los expertos no están seguros de dónde proviene este líquido. Puede ser una pequeña cantidad de orina o líquido de las aperturas que parecen ranuras de las glándulas cerca del orificio urinario.

Algunos expertos afirman que existe un punto específico dentro de la vagina que, como el clítoris, es sumamente sensible a la estimulación sexual. También dicen que estimular ese punto, al cual llaman el punto G, causa que salga líquido durante el orgasmo. Otros expertos no creen que exista un punto G, aunque concuerdan en que hay puntos sensibles dentro de la vagina.

capítulo 6, la vagina generalmente está húmeda. Sin embargo, cuando una mujer está sexualmente estimulada, el cuerpo produce fluidos que lubrican la vagina. Esto causa una mayor sensación de humedad en la vulva.

Si continuas masturbándote el tiempo necesario, es posible que tengas un orgasmo. (Otras palabras para tener un orgasmo son "llegar al clímax" y "venirse".) El orgasmo es una forma de liberar la tensión y excitación que se acumula en el cuerpo durante la estimulación sexual. Es un poco difícil explicar exactamente la sensación que produce un orgasmo. Para comenzar, el orgasmo puede variar de una ocasión a otra. Algunos orgasmos son potentísimos e intensos. Otros son menos fuertes. Se puede describir uno menos intenso como una "agradable sensación de estremecimiento". Uno fuerte puede causar la sensación de una explosión, un espasmo de intenso placer sexual que comienza en los órganos genitales y causa pulsaciones por todo el cuerpo. La mayoría de las personas concuerdan en que un orgasmo es una sensación muy buena.

Es posible que no tengas un orgasmo cada vez que te masturbes. Entre otras cosas, es posible que te detengas antes de llegar al punto del orgasmo. Tener un orgasmo también significa aprender lo que te estimula. Es necesario un poco de práctica. Por eso los expertos dicen que la masturbación es una manera excelente de aprender cómo reacciona tu cuerpo y de practicar para la vida sexual de adulto.

4.
EL ESTIRÓN DE LA PUBERTAD

¿Los zapatos que compraste el mes pasado ya te quedan chicos? ¿Tus jeans casi nuevos sólo te llegan a los tobillos? Si es así, probablemente ya empezaste a dar el estirón de la pubertad.

Durante la pubertad, pasamos por un periodo de crecimiento de gran intensidad. Engordamos y crecemos mucho más rápido que antes de la pubertad. A este periodo de crecimiento súper veloz lo denominamos el estirón de la pubertad. En cada muchacha empieza a una edad diferente. Es más drástico en algunas chicas que en otras, pero todas crecen muchísimo en este periodo. Este estirón usualmente dura varios años. Luego el crecimiento pasa a ser más lento, hasta finalmente detenerse.

En este capítulo vamos a hablar acerca de diversos aspectos del estirón de la pubertad. Dos de ellos son el aumento en estatura y peso. Durante la pubertad, ciertas partes del cuerpo nos crecen más que otras. El resultado: la cara y el cuerpo se verán muy diferentes que antes de la pubertad. ¡Vas a empezar a verte más como una adulta que una niña!

Como estás creciendo y desarrollándote de tantas maneras, hacer ejercicio y comer sano es especialmente importante. Pero muchas jovencitas no hacen ni lo uno ni lo otro. Su alimentación no contiene las vitaminas y minerales que necesitan. Tampoco hacen suficiente ejercicio. Estos problemas tienen un efecto particularmente dañino en los huesos de una joven. Durante la pubertad desarrollas la fortaleza ósea que tendrás toda la vida. Si no desarrollas suficiente masa ósea en estos años, esto te puede causar problemas cuando seas mayor, así que en este capítulo, también hablaremos sobre un régimen de alimentación y ejercicio apropiados para la pubertad.

EL ESTIRÓN

Antes de la pubertad, la muchacha promedio crece aproximadamente dos pulgadas y medio por año. Cuando empieza el estirón, el crecimiento se acelera. La muchacha puede crecer casi el doble que antes, de modo que su estatura aumenta en casi cuatro pulgadas en sólo un año. En promedio, una muchacha crece nueve pulgadas durante el estirón de la pubertad. Por supuesto, todos somos diferentes, así que es posible que crezcas más o menos que esto.

El estirón usualmente dura unos tres años. Por lo general, para cuando te llega la primera regla, el crecimiento ya no es tan acelerado. Para entonces crecerás una o dos pulgadas al año. La mayoría de las muchachas alcanza su estatura adulta de uno a tres años después de la primera menstruación.

Los muchachos también tienen el estirón de la pubertad, pero el suyo empieza después que el de las muchachas. El de las chicas empieza a inicios de la pubertad. Es uno de los primeros cambios. El de los chicos no es uno de los primeros cambios. Ocurre más adelante en la pubertad. En promedio, el estirón de los muchachos ocurre dos años después que el de las chicas. Por eso las muchachas de once y doce años, a menudo son más altas que los muchachos de su edad. Un par de años después, los chicos empiezan con su estirón. Luego los varones usualmente alcanzan a las chicas y hasta las pasan en estatura. Por supuesto, algunas muchachas, las altas, siempre serán más altas que muchos de los chicos. Pero a menudo, una muchacha que a los once o doce años es más alta que los chicos de su edad, descubre a los trece o catorce que ellos la han alcanzado.

¿Qué tan alta voy a ser?

No podemos decirte exactamente cuánto medirás, pero te podemos dar un par de pistas. Tu estatura antes del estirón es una clave. Si fuiste bajita de niña, es probable que seas baja de adulta. Igualmente, los niños altos tienden a ser adultos altos. Pero definitivamente esta regla tiene excepciones. Por ejemplo, muchas chicas nos dijeron que estaban entre las más bajitas de su clase antes de la pubertad y que luego les vino el estirón y terminaron entre las más altas de su clase.

Puedes darte una mejor idea de tu estatura de adulta si sigues los pasos a continuación. Primero, necesitas saber la estatura de tu papá y mamá. (Para este ejercicio, la estatura de los padres tutelares, adoptivos y apoderados no es útil. Necesitas saber la estatura de tus padres biológicos.)

1. Resta cinco pulgadas de la estatura de tu papá.

2. Añade la estatura de tu mamá al resultado del paso 1.

3. Divide entre 2 la suma del paso 2. El resultado es tu estatura adulta aproximada.

Ejemplo: El padre de Mónica mide 5 pies y 11 pulgadas y su madre mide 5 pies y 4 pulgadas. Primero restamos 5 pulgadas de la estatura de su papá. El resultado es 5 pies y 6 pulgadas. Luego le sumamos la estatura de su madre (5 pies y 4 pulgadas). El resultado es 10 pies y 10 pulgadas. Ahora dividimos el resultado entre 2. El resultado es 5 pies y 5 pulgadas. Ésta es la estatura adulta aproximada para Mónica. En otras palabras, será una pulgada más alta que su madre.

Tus padres probablemente no miden lo mismo que los padres de Mónica. Entonces haz tus propios cálculos con la estatura de tus padres. Recuerda que el resultado del paso 3 es sólo aproximado. Tu estatura real de adulta puede ser más o menos que ésta.

Historias de altas y bajas

En la época de tu mamá o tu abuela, las muchachas pensaban que ser alta era un problema. Hoy casi nunca oímos de chicas descontentas por ser "demasiado altas". Muchas mujeres de gran estatura tienen éxito, y la gente les admira éste y otros aspectos. Las mujeres altas pueden tener éxito no sólo en deportes como el baloncesto, sino también en negocios y en películas. Por ejemplo, Blake Lively y Cameron Díaz miden casi seis pies. Muchas chicas están orgullosas de su estatura. Esto es lo que dijo una muchacha alta:

> Siempre he sido la más alta de la clase y me encanta. Mi hermana mayor, a mi edad, era incluso más alta que yo. Es la chica más linda que conozco. Su novio es más bajo que ella, pero no les importa.
>
> —MELINDA, 15 AÑOS

Escuchamos más quejas de muchachas que son más bajas que el promedio. A menudo, sus quejas no se deben a que se sienten mal de ser "demasiado bajas". Más bien, se quejan de la reacción de la gente. La verdad es que la gente piensa que las cosas pequeñas son "lindas". Los bebés son lindos. Los perritos falderos son lindos. Con demasiada frecuencia, la gente baja recibe el trato reservado para una cosa decorativa. Y no las toman en serio. A veces las tratan como niñas. No les dan el respeto que se merecen. A continuación, la historia de una chica "baja":

> Soy bajita y corro muy rápido. Mi primo me llamaba enana y me hacía llorar, pero este año gané varios premios de atletismo en la competencia de toda la ciudad. Ya no dicen que soy enana.
>
> —LÍA, 14 AÑOS

El hecho es que no hay mucho que puedas hacer respecto a tu estatura, pero sí puedes decidir cómo te sientes al respecto. Recuerda que puedes hacer todo lo que te propongas. No es necesario medir seis pies para ser buena amiga. No hay requisitos de estatura para ser graciosa, lista o una buena atleta. Quizá no puedas cambiar de estatura, pero ¡siempre puedes lograr tus metas!

Primero los pies

Creces porque el estirón de estatura hace que los huesos del pecho y las piernas se alarguen. Pero algunos huesos empiezan el estirón antes que otros. Los huesos de los pies empiezan a crecer antes que los otros huesos. Los pies alcanzan su tamaño adulto antes de que tengas estatura de adulto. Muchas chicas se preocupan por eso. No tienen por qué. Con el tiempo, el desarrollo del resto del cuerpo alcanzará al de los pies. Como lo explicó una muchacha:

> Cuando tenía once años medía poco más de cinco pies, pero calzaba talla ocho. Pensaba: "¡Ay, no! Si los pies me siguen cre-

ciendo, ¡van a ser gigantes!". Ahora tengo dieciséis. Mido cinco pies y ocho pulgadas, pero sigo calzando talla ocho.

—MAIRA, 16 AÑOS

Otra muchacha a la que le pasó lo mismo que a Maira dijo:

De verdad me alegra escuchar eso. Calzo ocho y medio ahora. Sólo tengo doce años y mido cinco pies y una pulgada. La gente siempre se burla de mis enormes pies. La última vez que compré un par de tenis, el empleado me dijo en broma que si los pies me crecían más, iba a tener que venderme las cajas de zapatos.

Hice como que me reía, pero estaba avergonzada. Me preocupaba que los pies me siguieran creciendo, sin parar.

—LISA, 12 AÑOS

CAMBIOS EN LA FORMA DEL CUERPO

Si crecer se tratara sólo de volverse más grande, los adultos se verían como bebés gigantes. (Tal vez los adultos a veces actuemos como bebés grandes, pero no nos vemos como bebés gigantes.) Algunas partes del cuerpo crecen más que otras, de modo que la proporción del cuerpo cambia. En otras palabras, hay cambios de tamaño en ciertas partes en relación a otras.

El dibujo de la mujer adulta y el bebé en la figura 25 muestra a ambos con la misma estatura. Esto facilita ver cómo cambian las proporciones del cuerpo. Por ejemplo, la cabeza del bebé es grande en comparación con las otras partes del cuerpo. Es una cuarta parte del tamaño total, pero la cabeza de la mujer es sólo un octavo de la estatura. Observa también el ancho de la cabeza en comparación con los hombros. En el bebé, la cabeza es casi tan ancha como los hombros. En la mujer, el ancho de la cabeza es mucho menor al ancho de los hombros. Además, las piernas de la mujer son casi la mitad de su esta-

DOLORES DEL CRECIMIENTO Y ESCOLIOSIS

¡Los dolores del crecimiento pueden ser muy molestos! No son graves, pero tampoco son divertidos. Son más comunes a los diez u once años, pero pueden darse a menor o mayor edad.

Los dolores no son constantes. Van y vienen. Es un dolor sordo y profundo que a menudo se siente detrás de la rodilla, en el muslo o a lo largo de la canilla. También pueden darse en los brazos, la espalda, ingle, hombros o tobillos. Los médicos realmente no saben lo que causa estos dolores del crecimiento.

Los dolores del crecimiento usualmente no necesitan tratamiento médico. Con el tiempo desaparecen por sí solos. Hasta que eso ocurra, se logra cierto alivio con masajes, una venda caliente o un analgésico sin aspirina. Si el dolor es severo y no mejora, consulta con el médico, sólo para asegurarte de que el dolor no se deba a algo más serio.

La escoliosis es otro problema relacionado al "crecimiento". Es cuando la columna tiene una curvatura anormal. No es el tipo de curvatura hacia adelante causada por la mala postura de una persona que se encorva, sino más bien, la columna se dobla hacia la izquierda o derecha. Esto puede causar que una cadera u hombro esté más arriba que el otro. O puede que la columna se doble como una "S". A veces sobresale un hombro o el cuerpo se inclina a un lado. La escoliosis puede ser hereditaria, pero en la mayoría de los casos, no se conoce la causa.

Muchos casos son leves y sólo requieren algunos ejercicios simples. Incluso si los ejercicios no pueden corregir la curvatura en sí, pueden ayudar a aliviar el dolor provocado por el desequilibrio corporal que causa la curvatura. En casos serios, el tratamiento puede requerir el uso temporal de un corsé. Hoy estos corsés son ligeros y menos voluminosos que en el pasado. Y se pueden usar debajo de la ropa sin que se noten.

La escoliosis es más fácil de corregir cuanto más pronto se inicie el tratamiento. Lo mejor es empezar a observar si hay indicios de ello antes de que empiece la pubertad. El médico escolar realiza este examen en algunas escuelas primarias. Si tu escuela no realiza este tipo de exámenes, pídele a tu médico que te examine la columna.

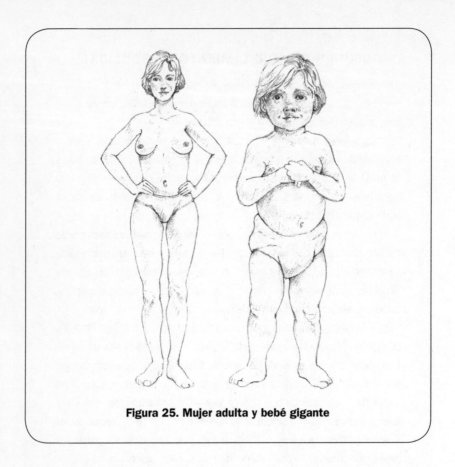

Figura 25. Mujer adulta y bebé gigante

tura. Las piernas del bebé son una parte mucho menor de la estatura total.

En el estirón también crecen los huesos de la pelvis. Y este estirón hace que se deposite grasa alrededor de las caderas. (Hablaremos más de eso en la siguiente sección.) Esto hará que se te ensanchen las caderas, y parecerá, en comparación, que tienes una cintura chiquita. Si a esto le añadimos el desarrollo de los senos, significa que desarrollarás una figura con más curvas, como la de una mujer adulta. El estirón incluso te cambia la cara. La parte baja de la cara se alarga, y la barbilla pasa a ser más prominente. La frente se ensancha, y la línea del cabello parece retroceder. Y el resultado es que la cara se te ve más larga, más angosta y menos rellena que cuando eras niña. Como te ves al espejo todos los días, estos cambios no son tan obvios para ti, pero si miras las fotos de los anuarios escolares de los últimos años, verás el cambio. Por supuesto que en algunas muchachas, los cambios en la cara son más evidentes que en otras.

EL AUMENTO DE PESO

Durante la pubertad, vas a tener un considerable aumento de peso, porque si tu estatura aumenta, el peso aumenta. De hecho, durante la pubertad, las muchachas tienen el mayor aumento de peso en su vida. Esto se debe en parte al crecimiento de huesos, músculos y órganos internos. Y el tejido graso adicional que se acumula en las chicas también añade unas libras más.

Al igual que el estirón, el aumento de peso dura unos tres años. Luego se reduce la velocidad con que se acumulan las libras. En el curso del estirón de la pubertad, vas a subir unas 45 libras en promedio. Por supuesto, muy pocas estamos exactamente en el promedio, de modo que las muchachas aumentan entre 35 y 55 libras durante la pubertad.

"Demasiado gorda"

Muchas chicas de tu edad no están contentas con su peso. ¿Eso significa que la mayoría de las muchachas tiene sobrepeso? La respuesta es no. Sólo una o dos chicas de diez realmente tienen sobrepeso, sin embargo, ocho de cada diez piensan que están "demasiado gordas" y quisieran perder peso.

¿Por qué tantas muchachas piensan que tienen un sobrepeso que no tienen? Por una sencilla razón: no tienen en cuenta el estirón de la pubertad. Cuando repentinamente ven que las libras se acumulan, piensan que están demasiado gordas. Pero durante la pubertad, se supone que debes aumentar de peso. Además, algunas veces las chicas se comparan con compañeras de clase que están en otra etapa de desarrollo. En las etapas finales del estirón de la pubertad, es normal pesar más que una muchacha que no ha empezado el suyo.

El estirón y el aumento de peso no siempre ocurren al mismo tiempo. Usualmente ocurren por la misma época, pero no siempre se dan exactamente al mismo tiempo. Es como un balancín. A veces ganas más libras que pulgadas y viceversa. El resultado es que a veces te verás más o menos delgada, pero será algo temporal.

Las chicas en la fase menos delgada a veces se preocupan. Deciden que a no ser que empiecen a hacer dieta, se quedarán gordas para siempre. Pero como veremos más adelante en este capítulo, hacer dieta puede perjudicar tu salud. ¡Y puede ser especialmente peligroso durante la pubertad!

Tipos corporales básicos

Muchas chicas creen que tienen sobrepeso porque no comprenden que existen diferentes tipos corporales. Hay tres tipos corporales básicos. (Ver figura 26.)

- ENDOMORFOS: tendencia a cuerpos más redondeados con más grasa corporal y curvas suaves.

- ECTOMORFOS: tendencia a cuerpos delgados, angulares y con menos curvas.

- MESOMORFOS: tendencia a cuerpos más musculosos, con hombros anchos y caderas angostas.

Si tienes un cuerpo endomorfo, es importante que sepas que va a ser más redondeado. Puede que tengas el peso ideal pero te veas más llena que tus amigas o compañeras de clase con cuerpo ectomorfo.

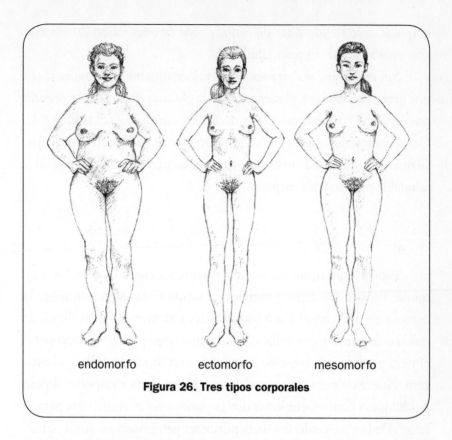

endomorfo   ectomorfo   mesomorfo

Figura 26. Tres tipos corporales

Además, las modelos súper delgadas en revistas y televisión pueden tener un tipo corporal más angular que el tuyo. Con este tipo corporal, nunca te verás como ellas. No importa cuánto adelgaces. Entonces, antes de saltar a la conclusión de que estás "demasiado gorda" toma en cuenta tu tipo corporal básico.

El culto a la delgadez

Todos vemos modelos flaquísimas en revistas y actrices súper delgadas en la televisión y las películas. Todas estas imágenes de "delgadez" no pueden dejar de influir en nosotras. Tal vez hasta soñemos con vernos como ellas. Pero muchas de las modelos y actrices que admiramos en realidad pesan demasiado poco. Incluso para su tipo corporal, que tiende a ser delgado, puede que les falten 20 libras o más para alcanzar un peso saludable.

Sin embargo, nuestra sociedad valora mucho la delgadez. Esto nos presiona a todas a perder peso. Para algunas jóvenes, esta presión puede llevar a serios trastornos de la alimentación (ver página 98). Otras sienten demasiada ansiedad respecto a su apariencia. Puede que sientas esta ansiedad incluso si tu peso es perfectamente normal y saludable para tu tipo corporal.

Hacer dieta puede ser peligroso para la salud

Para adelgazar, muchas chicas recurren a algún tipo de dieta de moda. Todas estas dietas prometen lo mismo: Haz algo raro sobre la manera en que comes y adelgazarás rápidamente. Pero las dietas de moda o de hambre casi nunca funcionan a largo plazo. Sólo recuperas el peso perdido y a menudo aumentas unas libras de más en el proceso. Nueve de cada diez personas que hacen dieta recuperan el peso perdido. Lo peor es que estas dietas pueden ser perjudiciales para la salud. De hecho, cualquier dieta puede ser peligrosa durante la pubertad. En este momento de tu vida, el cuerpo te crece rápidamente. Necesitas suficientes nutrientes como vitaminas, minerales y proteínas para sostener este crecimiento.

Necesitas minerales como calcio y zinc para promover el crecimiento de los huesos. También necesitas vitaminas como la vitamina D para llevar calcio a los huesos. Recuerda que en este momento los huesos te deben crecer y hacerse más largos, gruesos y fuertes. Si no consumes suficientes minerales y vitaminas, puede que dejes de crecer y que tus huesos queden débiles permanentemente.

El desarrollo de huesos fuertes durante la pubertad es importante no sólo para ahora, sino para después. La masa ósea que desarrollas ahora te servirá el resto de tu vida. Desde los veinticinco años, las mujeres empezamos a perder masa ósea. Este proceso continúa lentamente durante varias décadas. Si no acumulas suficiente masa ósea durante la pubertad, los huesos se te volverán débiles y frágiles con la edad. Y con el tiempo quizá desarrolles una enfermedad llamada osteoporosis. Tal vez has visto a ancianas con la espalda doblada hacia adelante, la llamada "joroba de viuda". Es el resultado de la osteoporosis. Esta enfermedad puede causar dolorosas fracturas de los huesos en la columna vertebral, las caderas y otras partes del cuerpo. Las fracturas de cadera en los ancianos a menudo son fatales. Por eso, si desarrollas huesos fuertes durante la pubertad, eso te asegurará una vida más larga, saludable y sin dolor cuando seas mayor.

Las dietas también pueden desacelerar el desarrollo de las muchachas durante la pubertad. Las chicas que hacen dietas extremas pueden retrasar su desarrollo en dos años o más.

Las dietas que no funcionan son las que restringen de manera radical la cantidad de comida que ingieres o que sólo te permiten comer cierto tipo de comida. Estas dietas le roban al cuerpo nutrientes esenciales y hacen que te sientas hambrienta. Como te sientes débil, hay más probabilidades de que comas en exceso cuando dejes la dieta, por lo que recuperas velozmente el peso que acabas de perder. Y luego empiezas otra dieta.

No nos sorprenderemos si te suena familiar este patrón de dieta, exceso de comida y otra vez dieta. Les pasa a muchas chicas y mujeres también. Es un patrón poco saludable que puede llevar a trastornos alimenticios muy serios conocidos como anorexia y bulimia. (Ver recuadro en la página 98.)

Hay maneras de perder peso de manera segura, pero ninguna muchacha debe hacer dieta durante la pubertad sin consultar primero con su médico. Él te puede ayudar a decidir cuánto necesitas adelgazar (si acaso) y cómo hacerlo de manera segura. Si tienes sobrepeso, tú y tu médico pueden acordar una dieta balanceada y un programa de ejercicios para ayudarte a alcanzar un peso más saludable.

ANOREXIA Y BULIMIA

La anorexia y bulimia son trastornos de la alimentación. Son el resultado de una preocupación anormal sobre la delgadez y el control del peso. Estos problemas usualmente empiezan en la adolescencia y afectan más a las muchachas que a los chicos.

Las chicas con anorexia comen tan poco que se matan de hambre. Se ponen extremadamente flacas, y su cuerpo carece de los nutrientes necesarios para un crecimiento normal. Una persona con anorexia a menudo hace mucho ejercicio para perder incluso más peso. La anorexia es una enfermedad muy seria. Puede causar problemas severos del corazón y los riñones, y hasta la muerte.

Las chicas con bulimia a menudo tienen el peso promedio o un poco más del peso promedio. Comen en exceso (grandes cantidades de comida en poco tiempo) y luego se provocan el vómito para no engordar. Las chicas bulímicas a menudo abusan de laxantes y diuréticos en su intento de perder peso. Los laxantes transportan rápidamente la comida por el cuerpo, y se absorben menos calorías. Los diuréticos o "pastillas de agua" extraen el líquido del cuerpo y te hacen orinar más. Una bulímica puede desarrollar problemas dentales y digestivos, úlceras y serias afecciones cardiacas.

Las personas con trastornos en la alimentación necesitan ayuda profesional. La mayoría de expertos cree que la causa principal de estos trastornos son factores sicológicos. El tratamiento usualmente requiere terapia sicológica o en grupo, y a menudo se requiere hospitalización.

Si necesitas ayuda con un trastorno en la alimentación, habla con un adulto de confianza. También encontrarás valiosos recursos al final de este libro.

Si tienes una amiga con un trastorno en la alimentación que mantiene en secreto, lo mejor que puedes hacer es contarle a un adulto. Tal vez le prometiste que le guardarías el secreto, pero éste es uno de esos momentos en que debes faltar a tu palabra y conseguir ayuda para tu amiga. De lo contrario, estarás permitiendo que tu amiga corra verdadero peligro.

CÓMO CUIDAR TU CUERPO

Comer bien y hacer ejercicio

Para crecer, el cuerpo necesita cantidades suficientes de muchos nutrientes diferentes. Para conseguir todos los nutrientes que necesitas, debes comer una variedad de alimentos de cada grupo alimenticio: granos, verduras, frutas, leche, carne y frijoles. ¿Qué y cuánto debes comer de cada tipo de alimento? La respuesta no es la misma para todos. Depende de tu edad y nivel de actividad. Averigua la cantidad correcta para ti. Visita www.mypyramid.gov/kids. Mira el margen izquierdo de la pantalla donde hay una lista de temas. Entra en "My Pyramid Plan". En la próxima pantalla pon tu edad, sexo y nivel de actividad física. Luego aprieta "enviar". La siguiente pantalla te dice lo que debes comer de cada tipo de alimento.

Ya mencionamos la importancia del calcio para la salud de los huesos. Los estudios han mostrado que las muchachas tienen propensión a sólo consumir la mitad e incluso menos del calcio necesario en su dieta. Pon especial cuidado en comer alimentos ricos en calcio. Éstos incluyen leche descremada, leche de soya, cereales y jugo de naranja enriquecidos con calcio, además de yogur, queso, otros productos lácteos, brócoli, col rizada, vainitas y tofu. Los adolescentes deben consumir por lo menos 1.300 miligramos de calcio al día. Un vaso de 8 onzas de leche descremada enriquecida contiene 300 miligramos. El jugo de naranja enriquecido contiene más o menos la misma cantidad que la leche descremada enriquecida. (Es fácil saber cuáles productos están enriquecidos con calcio porque los paquetes usualmente lo anuncian en letras muy grandes.) Si no puedes tomar leche o no te gusta, pídele a tu médico un suplemento vitamínico para que no dejes de ingerir el importantísimo calcio.

Además de comer lo correcto, todos necesitamos hacer ejercicio con regularidad. Debido a que el corazón y los pulmones se agrandan durante la pubertad, tu cuerpo puede tolerar más ejercicio. Y lo necesita. El ejercicio te ayuda a lograr el peso ideal. De hecho, la falta de ejercicio es la causa más importante del sobrepeso. Tal vez es incluso más importante que el exceso de comida, aunque ambos suelen ir de la mano.

Pero el ejercicio es más que una manera de mantener plano el abdomen y adelgazar. El ejercicio te fortalece el corazón, aumenta tu nivel de energía y envía más oxígeno a todas partes del cuerpo. El ejercicio también ayuda a depositar calcio en los huesos. Esto es especialmente importante durante la pubertad y adolescencia. Es entonces que se constituye la masa ósea que te sostendrá el resto de tu vida.

Después de leer sobre todos estos beneficios del ejercicio, tal vez pienses que debes salir a trotar doce horas diarias, pero demasiado ejercicio puede ser especialmente dañino. (Ver recuadro sobre "Síndrome de la atleta".)

Tabaco, bebidas alcohólicas y otras drogas

No puedes desarrollar un cuerpo sano si consumes drogas, alcohol o tabaco. Probablemente ya hayas aprendido en la escuela sobre los peligros de estas sustancias. Es especialmente importante evitarlas durante la pubertad, cuando el cuerpo está creciendo. Las bebidas alcohólicas, por ejemplo, impiden que el cuerpo absorba el zinc que necesitas para desarrollar huesos fuertes.

Puede que tus compañeras te presionen mucho para que consumas tabaco, drogas o alcohol. Además de la presión de tu grupo, también debes resistir los esfuerzos de los publicistas para que consumas alcohol o tabaco. Probablemente has escuchado que el tabaco es adictivo. Puede ser muy difícil dejar de fumar si ya has empezado. Lo más probable es que sepas que la mayoría de los fumadores empieza en la adolescencia. Entonces no nos debe sorprender que las gigantescas compañías de tabaco orienten tanta publicidad a la juventud. Desde su punto de vista, justo estos años son los más importantes. Ellos tie-

SÍNDROME DE LA ATLETA

El síndrome de la atleta (*Female Athletic Syndrome* o FAS), por sus siglas en inglés) también se conoce como tríada de la mujer deportista. Es un grupo de problemas que pueden afectar a las jóvenes atletas. Con mayor frecuencia afecta a las muchachas que participan en actividades como gimnasia olímpica, carreras de larga distancia o ballet. Para estos deportes y para el ballet, las muchachas deben ser muy delgadas y entrenar intensamente. Para mantenerse delgadas, muchas de estas chicas se someten a dietas de hambre, usan pastillas dietéticas, laxantes o diuréticos, o vomitan después de comer. Algunas pueden desarrollar trastornos alimenticios que se mencionan en el recuadro de la página 98.

Un peso anormalmente bajo, combinado con largas horas de ejercicio, puede retrasar la pubertad. Las muchachas que ya han empezado la pubertad y tuvieron su primer periodo menstrual pueden dejar de menstruar del todo. Las reglas usualmente vuelven una vez que las chicas aumentan de peso y reducen la intensidad del entrenamiento. Sin embargo, es posible que los efectos en los huesos sean permanentes. La combinación de trastornos alimenticios y retraso en la pubertad junto con el cese de la menstruación causa problemas óseos. El resultado puede ser que la muchacha nunca alcance una estatura adulta normal. Algunos huesos pueden quedar tan debilitados que se fracturan fácilmente. Algunas muchachas desarrollan osteoporosis, la enfermedad de los "huesos quebradizos", que usualmente sólo se ve en mujeres mayores.

Si eres deportista, debes estar al tanto del FAS. Si no comes bien porque quieres mantenerte delgada, puedes estar en peligro de desarrollar trastornos alimenticios. Habla con tu entrenador y médico sobre el problema. Si ya has empezado a menstruar y no te han venido tres reglas consecutivas, debes ver a un médico especializado en el tratamiento de atletas. Pídele a tu entrenador que te recomiende uno. Si todavía no has empezado a desarrollar senos ni vello púbico, ni has tenido tu primera menstruación a la edad usual, también debes consultar con tu médico.

El Colegio de Medicina Deportiva de Estados Unidos (American College of Sports Medicine) aconseja los siguientes pasos para el tratamiento del FAS: reducir el entrenamiento entre 5 y 15%, aumentar las calorías entre 5 y 20%, y subir de peso entre 2 y 10 libras. Para mayor información sobre el FAS, consulta la sección de Recursos al final del libro.

nen las mayores probabilidades de convertirte a esta edad en fumadora de por vida. Los estudios demuestran que la gente que tiene un estilo de vida saludable durante la adolescencia será sana el resto de su vida. La clave para un estilo de vida sano es no consumir bebidas alcohólicas, tabaco ni drogas, y además comer bien y hacer ejercicio con regularidad.

SATISFACCIÓN CON TU APARIENCIA

En nuestra opinión, un cuerpo sano es un cuerpo bueno. Sería estupendo que todas pudiéramos estar contentas con nuestro cuerpo y decir: "Me gusta cómo me veo", pero vivimos en una sociedad donde la competencia es el pan de cada día. La gente compite, las compañías compiten, incluso los países compiten. Siempre nos estamos comparando y compitiendo para ver quién es mejor. ¿Pero quién decide qué es lo mejor?

La mayoría de nuestras ideas de quién tiene "el mejor" cuerpo o "el más atractivo" viene de las supermodelos y actrices. Vemos a estas mujeres "perfectas" por todos lados: en revistas, anuncios publicitarios, películas y la televisión. El pelo, los ojos y los dientes les brillan. Generalmente son altas y siempre muy delgadas. Con frecuencia son rubias, de ojos azules y de piel blanca. Tienen el estómago plano, cinturitas de avispa y piernas larga. Su piel es tersa y resplandeciente. No tienen granos ni pecas. Tampoco tienen vellos en las piernas ni en las axilas. Tampoco tienen ningún rollo ni defecto.

Como ya habrás notado, en realidad muy pocas de nosotras nos vemos así. Por ejemplo, no todas somos delgadas, con cinturitas minúsculas, muslos firmes y sin barriga. El pelo se nos enreda y despeina, y ni siquiera en los días buenos nos brilla mucho. La ropa se nos desarregla y arruga, al igual que la cara. Y no todas somos rubias de ojos azules y piel blanca.

Sin embargo, en todas partes vemos las imágenes de la mujer "perfecta". Las vemos desde el carro o el autobús, en la ciudad o en un espectáculo. Nos observan como gigantes desde los enormes anuncios publicitarios y pantallas de cine. Si abrimos una revista, allí están, con el pelo perfecto. Si ves televisión, las ves también, con un cuerpo "perfecto", llevando una vida glamorosa y aparentemente carente de problemas.

Para cuando una chica alcanza la pubertad, ¿cuántas imágenes de perfección pasaron delante de sus ojos? Si contamos todos los libros, revistas, películas y programas de televisión que ha visto en su vida, el número quizá llegue a un millón, ¿o tal vez diez millones? ¡Quién sabe! Tal vez el número sea incluso mayor.

Figura 27. La belleza está en los ojos del que mira. De izquierda a derecha: mujer de los años veinte, mujer de Polinesia y mujer del siglo XVI.

Entonces no nos debe sorprender que muchas de nosotras nos empecemos a sentir insatisfechas con el cuerpo, la cara, la piel o el pelo que tenemos. Nuestro cuerpo real no se parece en nada a esos cuerpos perfectos, y no estamos contentas con nosotras mismas. Por supuesto, esto es precisamente lo que quiere la gente que gasta tanto dinero en crear esas imágenes. Quieren que las mujeres gasten millones de millones de dólares por año "mejorando" su apariencia. Y eso es lo que hacemos. Compramos tinte de pelo, maquillaje, productos dietéticos, rasuradoras para afeitarnos los vellos de las piernas y axilas, fajas para aplanar la barriga o sacar cintura, productos para agrandar los senos y así sucesivamente. Algunas incluso se someten a cirugía para tener un vientre plano, arreglarse la nariz o aumentarse los senos.

¿A veces te sientes descontenta con tu apariencia? Si es así, recuerda que estos cuerpos perfectos se ven mejor sólo porque están de moda. La moda depende de una cultura en particular y un momento en particular. Los dibujos que ves en la figura 27 muestran cuerpos que estuvieron de moda en tiempos pasados y otras culturas. El primer dibujo es de una estadounidense de los años veinte. En ese entonces, los cuerpos redondeados y senos grandes no estaban de moda. De hecho, las mujeres de busto grande se vendaban apretadamente los senos para que no sobresalieran. El dibujo de la derecha muestra a una europea del siglo XVI. Hoy sería considerada un poco rechoncha, pero en ese entonces era el cuerpo perfecto. El tercer dibujo es de una mujer de Polinesia. En nuestra cultura no sería considerada el estándar de belleza, pero en su cultura, es preciosa. Su cuerpo rechoncho se considera el mejor y más atractivo.

Una parte importante de madurar es desarrollar amor propio y aprecio por el cuerpo que tenemos, aunque no se ajuste a lo que dicte la moda. También es una parte importante de ser atractiva, porque si aprendes a apreciarte, la gente te apreciará también. Y no importará en lo más mínimo si tienes o no el mejor cuerpo o el más perfecto. Te lo garantizamos.

5.
VELLO CORPORAL, TRASPIRACIÓN, GRANOS Y OTROS CAMBIOS

Durante la pubertad, te empieza a crecer vello en lugares donde antes ni existía. Te crece vello púbico y axilar. Puede que también te salga vello en los brazos y en las piernas. Además, la pubertad afecta las glándulas sebáceas, que producen grasa, y sudoríparas, que producen traspiración. Traspiramos más y desarrollamos un olor corporal de adulto. Las glándulas sebáceas en el cuero cabelludo se vuelven más activas. Secretan mayor cantidad de grasa, y el pelo se te ve más grasoso. Las glándulas sebáceas de la piel también aumentan su producción. A veces la grasa adicional queda atrapada en los poros, y el resultado son granos en la cara.

Para ser francas, algunos de los cambios que mencionamos en este capítulo no son nada divertidos. Con el tiempo, hemos visto que muchas chicas están felices de empezar la pubertad. No ven la hora de que les crezcan senos y le venga la primera menstruación. Pero hasta ahora no hemos conocido a ninguna chica que "no vea la hora" de tener su primer grano.

Los barros y el olor corporal son aspectos poco simpáticos de la pubertad. No vamos a tratar de decirte lo contrario. Tampoco vamos a tratar de disfrazarlos hablando de lo maravilloso que es "hacerse mujer". En vez, te vamos a dar información exacta para que sepas lo que va a suceder. Y no nos quedaremos allí. También hablaremos sobre tratamientos para el acné y cómo lidiar con el olor corporal y el vello no deseado.

VELLO CORPORAL Y AXILAR

El vello axilar puede comenzar a crecer en cualquier momento durante la pubertad. A veces crece al final de la pubertad. Otras veces crece al mismo tiempo que salen los vellos púbicos o se desarrollan los senos. Rara vez, el vello axilar es el primer indicio de la pubertad. En promedio, las muchachas empiezan a tener vello axilar un año después de desarrollar vello púbico.

Puede que además te crezca vello en los brazos y piernas durante la pubertad. Usualmente el color será más oscuro que el vello que tenías antes, pero algunas muchachas nos dijeron que el color del vello se volvió a aclarar con la edad.

Una cuestión peliaguda

En algunos países, se considera atractivo que la mujer tenga vello axilar o piernas vellosas. En otros países, es exactamente lo opuesto. Las mujeres bellas y glamorosas en revistas, televisión y películas tienen piernas y axilas suaves y sin vello. No es que esas mujeres sean diferentes a nosotras y no les salga vello en esos lugares, sino que no tienen vello porque se afeitan o usan otros métodos para depilarse.

Los muchachos se sienten orgullosos cuando les empieza a salir vello facial. Es signo de que están dejando de ser niños y se están volviendo hombres. El vello masculino se considera atractivo y varonil. En las mujeres, el vello no se considera femenino para nada y es hasta feo. ¡Qué contradictorio!, ¿no?

La que tiene que decidir si te vas a afeitar las piernas y las axilas eres tú. No es una decisión fácil. Tus amigas pueden presionarte, como es el caso de esta muchacha:

Había decidido no rasurarme las piernas. Pero luego mis amigas empezaron a decir: "¡Qué mal se ve todo ese vello en tus piernas! ¿Por qué no te lo afeitas? Y por eso empecé a rasurarme aunque en realidad no deseaba hacerlo.

—PATRICIA, 15 AÑOS

Otras muchachas quieren afeitarse, pero su madre no las deja. Si es tu caso, tienes que hablar con tu mamá. Trata de explicarle por qué quieres rasurarte las piernas. Lo mejor es escribir todas tus razones en una carta. Con frecuencia es la mejor manera de que entienda lo que piensas.

Además de afeitarse las piernas y las axilas, las mujeres también se depilan el vello del labio superior, otras partes de la cara y el área de bikini. En las siguientes páginas aprenderás acerca de las diferentes maneras de deshacerte del vello indeseado.

RASURARSE Y OTRAS MANERAS DE QUITARTE LOS VELLOS

El método más popular de quitarse los vellos es afeitarse. Es barato, fácil y bastante seguro, aunque puede que te cortes varias veces antes de volverte una experta. Te puedes rasurar bien las piernas, axilas y el área de bikini. Pero hay una gran desventaja. El vello crece rápido. Para mantener la piel lisa, las mujeres usualmente necesitan afeitarse cada dos o tres días.

El recuadro en las páginas 110–111 enumera otros métodos para quitarse los vellos. Sin embargo, no debes afeitarte ni usar ninguno de esos otros métodos si

- tienes cortes, ronchas, bultos o grietas en la piel.

- te asoleaste demasiado y la piel se ve quemada por el sol.

- tienes planes de nadar o usar bloqueador solar en las próximas 24 horas.

Rasuradoras: Guía de compra

Puedes escoger rasuradoras eléctricas o de cuchilla. Algunas mujeres prefieren las eléctricas, las que se pueden usar en la ducha, mojadas o

---

¿ES VERDAD QUE VUELVE A CRECER MÁS OSCURO Y GRUESO?

No, afeitarte no hace que el vello te vuelva a crecer más grueso ni más oscuro. Pero puede que así parezca.

Los vellos son más delgados en la punta. El vello es más fino al extremo que al medio o en la raíz. La rasuradora corta el vello por la mitad. (Ver figura 28.)

Si nunca te has afeitado, lo que se ve sobre la superficie de la piel es la punta más fina y delgada del vello. Una vez que te afeitas, desaparece esta punta fina y todo lo que ves es la parte más gruesa del vello. No es que el vello se haya vuelto más grueso, pero así parece.

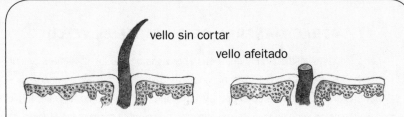

vello sin cortar

vello afeitado

Figura 28. El vello se ve más grueso. Antes de afeitarte, el vello sin cortar termina en una punta fina. Cuando te afeitas, cortas el vello por su parte más gruesa, haciendo que parezca tener mayor grosor.

secas. Hay menos probabilidades de que te cortes con una rasuradora eléctrica, pero las buenas son caras. Y no te da una afeitada al ras como la rasuradora de cuchilla.

La mayoría de las mujeres usa rasuradoras de cuchilla. Los dos tipos más comunes son las descartables y las de cartucho. Con el primer tipo, arrojas a la basura la rasuradora cuando la cuchilla pierde filo. Con el segundo tipo, arrojas a la basura el cartucho con la cuchilla, pero conservas el resto de la rasuradora para usarla con un nuevo cartucho.

También tienes la opción de una a cinco cuchillas. Probablemente, el corte es más al ras con una rasuradora de cuatro o cinco cuchillas, pero hay menos probabilidades de cortes con una sola cuchilla. Hay más probabilidades de que las rasuradoras con tres a cinco cuchillas causen vellos encarnados. Si tienes tendencia a vellos encarnados, usa una rasuradora de una cuchilla.

También hay rasuradoras hechas especialmente para mujeres y rasuradoras con cabezales flexibles y otras características especiales, pero estas propiedades adicionales no son tan importantes para las mujeres, según estudios de *Consumer Reports* (entidad estadounidense especializada en evaluar la calidad de los productos). Sin embargo, las rasuradoras con una tira lubricante sí recibieron comentarios positivos.

OTRAS MANERAS DE QUITARTE EL VELLO

Lee y sigue las instrucciones que vienen con cada uno de los siguientes productos. No los uses por más tiempo ni con mayor frecuencia que la recomendada. Si hay sustancias químicas en el producto, siempre verifica que no te irriten la piel aplicándote un poco en la pierna veinticuatro horas antes para ver los efectos. No uses productos en la cara, axilas o zona genital a menos que las instrucciones específicamente lo permitan. Estas partes del cuerpo son las más sensibles.

DECOLORANTES: Aclaran el color del vello para que sea menos visible; duran hasta cuatro semanas; usados en labios superiores, brazos y piernas.

Desventajas: No sirven si el vello es espeso; en realidad no es un método que quite el vello.

Para evitar problemas: Nunca uses decolorantes de uso doméstico (como cloro) ni ningún producto que no esté específicamente formulado para la zona donde se encuentra el vello que deseas decolorar.

PINZAS: Las usas para jalarte cada vello de raíz; dura semanas; se usan en las cejas y vellos aislados que salen en la cara o los senos.

Desventajas: A menudo su uso es demasiado doloroso para los labios o los senos; no es un método práctico para zonas con mucho vello.

Para evitar problemas: Primero aplica un humectante en la piel; jala el vello en la dirección del crecimiento; frota la zona con una loción sin alcohol después de arrancar varios vellos.

DEPILADORAS ELÉCTRICAS: Parecen rasuradoras eléctricas, pero funcionan como varias pinzas a la vez; la depilación dura varias semanas; recomendables para zonas grandes como las piernas.

Desventajas: A menudo es doloroso; la máquina cuesta aproximadamente $150; existe el riesgo de desarrollar vellos encarnados, especialmente en la cara; no es recomendable para uso facial.

Para evitar problemas: Usa una esponja exfoliadora o un producto similar antes y después de usar una depiladora eléctrica.

DEPILACIÓN QUÍMICA: Con la depilación química se usa cremas, lociones o geles para disolver el vello; se aplica la solución depiladora en la dirección del crecimiento del vello y se limpia o enjuaga después de esperar un tiempo; la depilación dura más que el afeitado; se usa en el labio superior, piernas o línea del bikini.

Desventajas: Puede causar irritación e infecciones de la piel; demasiado irritante para muchas mujeres.

Para evitar problemas: No uses depiladores químicos sino hasta una semana después de usar Retin-A, esponjas exfoliadoras y otros productos que ayudan a quitar las células muertas de la superficie de la piel.

CERA: Se hace en peluquerías o en casa; se aplica tiras de cera fría o cera caliente sobre la piel en la dirección del crecimiento del vello; la cera se jala de un tirón (como esparadrapo) y así se arrancan los vellos atrapados en la cera; la depilación dura varias semanas; se usa en las piernas, línea del bikini, labio superior, axilas y cejas; el uso más seguro es en la peluquería.

Desventajas: Doloroso; el vello debe tener por lo menos un cuarto de pulgada de largo, de modo que se ve vello crecido entre cada tratamiento; puede causar irritación, infección, vellos encarnados; puede decolorar la piel por meses; el método de calentar la cera en el horno de microondas puede causar temperaturas no uniformes y provocar quemaduras.

Para evitar problemas: Aplica compresas frías a la zona donde pusiste cera; evita que te caiga cera sobre verrugas, lunares o venas varicosas; no la uses si eres propensa a infecciones o tienes diabetes o problemas circulatorios.

ELECTRÓLISIS: Utiliza electricidad para destruir la raíz del vello; es un método permanente, pero algunos vellos vuelven a crecer; usualmente requiere de un especialista, pero ahora hay equipos de electrólisis de uso doméstico; no se recomienda que realices tú sola la electrólisis en zonas que sólo puedes ver con un espejo.

Desventajas: Caro y toma mucho tiempo; puede ser doloroso; puede causar infecciones y cicatrización si se hace de manera incorrecta.

Para evitar problemas: Asegúrate de que el especialista use agujas esterilizadas y guantes descartables; la piel debe limpiarse con antiséptico antes de empezar; llama a tu médico o al Gremio Internacional de Electrólogos Profesionales (International Guild of Professional Electrologists) al 800-830-3247 para que te den información sobre un profesional cercano que esté capacitado y certificado (treinta y un estados de Estados Unidos requieren licencia); antes de hacerte la electrólisis tú misma, pídele a un profesional que te enseñe cómo hacerlo.

QUITAR EL VELLO DEL ÁREA DE BIKINI

Las muchachas que usan bikinis o trajes de baño con corte alto en las piernas no quieren que se vea vello púbico, pero quitar el vello púbico en esta zona puede causar problemas si no se hace con cuidado. A continuación se encuentran consejos sobre cómo quitarse el vello del área de bikini.

Si te depilas el vello púbico con pinzas, puedes causarte ronchas e irritación en la piel. Está bien para unos pocos vellos, pero si son muchos, este método es demasiado doloroso y puede tomar mucho tiempo.

Puedes usar algunas cremas en el área de bikini, siempre que sigas las instrucciones con cuidado. Cerciórate de que el producto sea de uso específico para esta parte del cuerpo. Prueba con anticipación si el producto te irrita la piel. Espera veinticuatro horas para ver los resultados.

Puedes afeitarte el área de bikini, pero ten cuidado. Usa bastante crema de afeitar. Siempre rasúrate en la dirección del crecimiento del vello. Trata de no volver a pasar la rasuradora por la misma zona. Incluso si tienes el mayor cuidado, puede que la piel se irrite y te salgan ronchas rojas. Este problema es especialmente común en afroamericanas. (Ver recuadro de la página 122.) Haz la prueba afeitándote sólo un poco primero. Espera por lo menos veinticuatro horas para ver los efectos en la piel.

También hay productos de cera que se pueden usar en el área de bikini. Cerciórate de que el producto diga en la etiqueta que se puede usar en esta zona. Incluso así, es posible que después de depilarte con cera, te salgan ronchas rojas por un día o más.

Consejos para afeitarte con rasuradoras de cuchilla

Estos consejos te ayudarán a conseguir una afeitada al ras sin cortarte.

• ASEGÚRATE DE QUE LAS CUCHILLAS ESTÉN LIMPIAS, CON FILO Y SIN GRIETAS. Cambia las cuchillas cada cuatro o cinco afeitadas. Una cuchilla sin filo te raspará y arañará la piel. Esto causa una dolorosa inflamación dermatológica (ronchas) que se llama irritación por afeitado. Si se te cae la rasuradora, esto puede causar grietas difíciles de ver. Así que arroja a la basura la rasuradora que se te cayó.

- **MOJA PRIMERO EL VELLO.** Espera tres minutos hasta que el vello se moje bien. El agua tibia dilata y suaviza el vello, que así se vuelve más fácil de cortar y la rasuradora raspa menos. Pero no lo mojes más de quince minutos. Después de eso, la piel se hincha, y hay mayores probabilidades de que te cortes y menos probabilidades de un buen corte al ras.

- **USA CREMA O GEL DE AFEITAR, NO JABÓN.** Las cremas o geles hacen que la rasuradora raspe menos la piel. También suavizan el vello. El jabón le quita filo a las cuchillas y endurece el vello, lo que dificulta el afeitado.

- **TEN CUIDADO Y ENJUAGA LA ZONA CON FRECUENCIA.** No te afeites apresuradamente. No aprietes la rasuradora demasiado. Trata de que la rasuradora no pase dos veces por la misma zona. Enjuaga la rasuradora con frecuencia para mantener las cuchillas libres de vellos.

- **AFEITA EN LA DIRECCIÓN CORRECTA.** Si te afeitas en la dirección contraria al crecimiento del vello, consigues un afeitado más al ras. Sin embargo, tu piel sufre menos si afeitas en la dirección del crecimiento del vello. En las piernas, puedes afeitarte hacia arriba, en la dirección contraria al crecimiento del vello. Pero en las axilas y otras zonas más sensibles, aféitate en la dirección del crecimiento del vello.

- **ENJUÁGATE CON AGUA FRÍA Y SÉCATE CON GOLPECITOS SUAVES.** Si usas agua fría al enjuagarte, se cierran los poros y la piel se refresca. Al secarte, no te frotes y más bien sécate a golpecitos. Puedes usar lociones después de afeitar. Busca las que tengan áloe vera (sábila). No uses lociones con perfumes ni alcohol. No uses desodorantes inmediatamente después de afeitarte las axilas.

- JAMÁS PRESTES NI PIDAS PRESTADA UNA RASURADORA. No compartas rasuradoras. Corres el riesgo de contraer infecciones.

TRASPIRACIÓN Y OLOR CORPORAL

Si subes y bajas las escaleras corriendo diez veces seguidas o si es un caluroso día de verano, ¿qué sucede? Traspiras, por supuesto. Cuando aumenta la temperatura o haces ejercicio, las glándulas sudoríparas entran en acción. Secretan sudor. (Las glándulas sudoríparas también son sensibles al estrés, temor y otras emociones fuertes.)

Tienes millones de glándulas sudoríparas. Están en casi cada pulgada de piel del cuerpo. Su función es producir traspiración para evitar que la temperatura corporal aumente demasiado. El sudor es 99% agua, con un poco de sal. El agua se evapora rápidamente y el cuerpo se enfría. Y la sal de la traspiración ayuda a captar más agua del cuerpo.

Durante la pubertad, la producción de las glándulas sudoríparas aumenta, y por primera vez se activan las glándulas sudoríparas de las axilas y la zona genital. Esto significa que traspiras más y en más lugares. Puede que notes traspiración en la frente, labio superior, cuello y pecho cuando haces ejercicio. Por otro lado, si sientes temor o preocupación, esto usualmente causa que te traspiren las axilas, palmas de las manos y plantas de los pies. Incluso si no sientes miedo ni estrés, puede que traspires mucho en esas zonas. La razón: estas zonas tienen más glándulas sudoríparas que otras partes del cuerpo.

El olor corporal también te cambia durante la pubertad. El sudor, por sí solo, no tiene mal olor. Casi no huele a nada. Pero las bacterias que viven en la piel de las personas descomponen la traspiración, y esto causa el mal olor. Estas bacterias prefieren el sudor de las glándulas especiales de las axilas y la zona genital que se activan en la pubertad. La mayor parte del olor corporal viene de las axilas. Aquí están las glándulas especiales que prefieren las bacterias, como también las condiciones perfectas de humedad y calor para producir más bacterias. Y el sudor realmente puede oler mal cuando las bacterias tienen suficiente tiempo para descomponerlo.

Cómo controlar la traspiración y el mal olor

Los cambios en el olor corporal y la traspiración (sudor) que se producen en la pubertad son naturales y saludables. Es parte de crecer. De todos modos, algunas jovencitas se preocupan del olor y la traspiración. Esto no nos sorprende. Las compañías gastan millones de dólares en comerciales televisivos y anuncios en revistas para promover nuestra preocupación acerca del olor corporal y la traspiración.

¡No permitas que te hagan sentir incómoda con tu cuerpo! La traspiración es buena para la salud. Controla el exceso de temperatura en el cuerpo. También es una manera en que el cuerpo elimina toxinas. Sin embargo, no tienes por qué oler mal si traspiras mucho. Es fácil mantener un olor corporal limpio y fresco. A continuación, unos consejos.

- BÁÑATE O DÚCHATE CON REGULARIDAD. Si te aseas a diario, eliminas las bacterias que causan mal olor. Es especialmente importante lavarte las axilas y la vulva.

- USA JABÓN ANTIBACTERIAL EN LAS AXILAS. Los estudios muestran que estos jabones pueden controlar las bacterias hasta por dieciséis horas.

- USA ROPA FRESCA Y RECIÉN LAVADA. Las bacterias que causan el mal olor se impregnan en las prendas de vestir. Mantén tu ropa limpia.

DESODORANTES PARA HIGIENE FEMENINA

Los desodorantes para higiene femenina se usan en la vulva. No los recomendamos. Pueden causar irritación. Además, a menos que tengas una infección, la vulva no debe oler mal. No es difícil mantener un olor fresco. Basta lavarte a diario con agua y jabón, y cambiarte la ropa interior de algodón.

Si sientes mal olor en la vulva, puede que tengas una infección. Consulta con tu médico en lugar de cubrir esos olores con un desodorante femenino.

- USA ROPA QUE "RESPIRA". Si traspiras bastante, intenta usar ropa interior 100% de algodón. Este material es más absorbente y permite que circule el aire, lo que te mantendrá más seca.

Desodorantes y antisudorales

Si te molesta el olor o la cantidad de traspiración en las axilas, tal vez quieras usar un desodorante o antisudoral. Muchos desodorantes cubren el olor corporal con su fragancia. Otros también combaten las bacterias que causan el mal olor. Los antisudorales reducen la traspiración y te mantienen seca. La mayoría de los desodorantes contiene antisudorales.

Estos productos vienen en forma de rociador, barra, gel, crema, loción y aplicadores de bolita. Algunos son perfumados, otros no. Algunos dicen ser especialmente formulados para mujeres, pero en realidad no hay mucha diferencia entre un 'desodorante de hombre" y un "desodorante de mujer".

Los antisudorales contienen alguna forma de aluminio. Algunos expertos creen que la más mínima cantidad de aluminio que entre en el cuerpo es nociva. Otros dicen exactamente lo contrario. El gobierno concuerda con los que dicen que no es perjudicial. Si te preocupa esto, usa desodorante sin aluminio. O si sientes que necesitas un antisudoral, usa uno con sulfato de aluminio tamponado, *que no se absorbe fácilmente más allá de las capas exteriores de la piel.*

Cualquiera sea el producto que decidas usar, lee las instrucciones. Algunos productos deben ser aplicados inmediatamente después del baño, cuando la piel todavía está húmeda. La humedad activa los ingredientes que combaten las bacterias y la traspiración. Otros productos funcionan mejor si los usas al acostarte en lugar de usarlos a primera hora de la mañana. Si traspiras mucho, trata de usar un antisudoral a la hora de acostarte y también cuando te vistas en la mañana.

GRANOS, ACNÉ Y OTROS PROBLEMAS DE LA PIEL

Las espinillas son una realidad para la mayoría de las muchachas durante la pubertad. Las glándulas sebáceas de la piel se activan, o más bien, se vuelven demasiado activas. La grasa adicional a menudo queda atrapada en poros bloqueados. El resultado puede ser una cara llena de granos.

¿Qué causa el acné?

El acné es el término que los médicos utilizan para las espinillas, granos y barros blancos o negros. Todos estos problemas dermatológicos reciben el nombre médico de acné porque todos tienen su origen en glándulas sebáceas y poros obstruidos.

Tenemos glándulas sebáceas en todo el cuerpo. Son más numerosas en la cara, cuello, pecho y espalda. Aquí también el acné se manifiesta con mayor probabilidad.

La figura 29 muestra un folículo piloso y una glándula sebácea. Los folículos pilosos, de donde salen los vellos, están debajo de la superficie de la piel. Cada vello del cuerpo tiene su propio folículo.

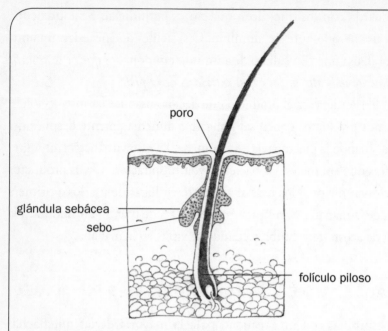

poro

glándula sebácea

sebo

folículo piloso

Figura 29. Folículo piloso y glándula sebácea. Una glándula dentro del folículo piloso produce una grasa llamada sebo. Normalmente, el poro de un folículo piloso está abierto, lo que permite que el sebo fluya libremente y lubrique la piel.

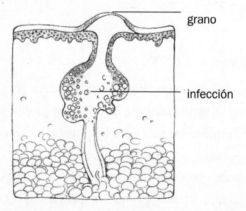

grano

infección

Figura 30. Un grano. Si el poro y la parte superior del folículo piloso se obstruyen, el sebo no puede fluir por el poro. El resultado puede ser una infección que causa hinchazón y enrojecimiento, lo que llamamos un grano.

En la parte inferior de cada folículo hay una glándula sebácea. Estas glándulas producen una grasa llamada sebo. El sebo fluye de la glándula y sale por el conducto del folículo a lo largo del vello. Sale por el poro, una abertura en la superficie de la piel. El flujo de sebo limpia las paredes del folículo piloso de células muertas.

La pubertad afecta los folículos pilosos y las glándulas sebáceas de varias maneras. Las glándulas producen más sebo que antes. Hay más células muertas en las paredes de los folículos pilosos. Las células muertas también tienden a pegarse unas a otras más que antes de la pubertad. Estos grupos de células pegajosas forman un tapón que obstruye el poro.

A pesar de que el poro está obstruido, la glándula sebácea sigue produciendo sebo. Pero el sebo ya no puede salir del folículo. Se acumula detrás de la obstrucción, y el folículo piloso se hincha. Lo que se ve es un bulto blanco justo debajo de la superficie de la piel. Este tipo de grano se llama barro blanco.

A veces, la presión del sebo atrapado empuja el tapón por encima de la superficie de la piel. Si esto ocurre, tienes un barro negro. El color oscuro no es por la suciedad en el tapón. El color característico se debe a una reacción química que ocurre en la superficie de la piel que vuelve negro el tapón.

Los barros blancos y negros son formas leves de acné. Los granos son más serios. Ocurren cuando la bacteria infecta el sebo atrapado dentro del folículo. Estas bacterias son inofensivas cuando viven en la superficie de la piel, pero causan infecciones cuando entran en contacto con el sebo atrapado detrás del poro obstruido, y las bacterias "inocuas" se empiezan a multiplicar. Esto causa el enrojecimiento e hinchazón que llamamos granos. (Ver figura 30.)

A veces, las paredes de un folículo piloso infectado se revientan. Entonces la infección se propaga bajo la piel. Éste es el tipo más serio de acné. Provoca bultos grandes, rojos y dolorosos.

Tratamiento

Los barros blancos y negros, las espinillas y el acné severo no son nada divertidos. Y ciertamente no son muy atractivos. Y lo peor es que el acné severo puede causar cicatrices y marcas permanentes en la piel. Lo bueno es que es un problema que tiene tratamiento. De hecho, hay varias cosas que puedes hacer tú misma. Lo que funciona mejor depende del tipo de acné que tengas y su severidad.

Algunas personas creen que la causa del acné es la falta de higiene. Creen que la cura del problema es lavarse la cara con más frecuencia. Eso no es cierto. Lavarse la cara dos veces al día usualmente es suficiente. Lavársela con más frecuencia no puede evitar ni curar el acné.

A veces la grasa del cabello puede irritar el acné de la frente. En estos casos, te ayudará lavarte el cabello con frecuencia y peinarlo hacia atrás, dejando la frente libre. Si tienes acné, no uses cosméticos a base de aceite. Busca palabras como no comedogénico o no acnegénico en los cosméticos que usas.

Los adultos quizá te hayan dicho que no te aprietes los granos. Tienen razón. Puede hacer que la infección llegue a las capas más profundas de la piel y dejar cicatrices.

Tratamientos sin receta médica

Sin receta médica significa que no tienes que ir al doctor para que te dé una orden y te explique cómo usarlos. Hay muchos productos que puedes comprar para el tratamiento del acné. Si usas alguno de estos productos, debes saber ciertas cosas.

- PERÓXIDO DE BENZOILO. El peróxido de benzoilo es el principal ingrediente de muchos tratamientos sin receta médica. Combate las bacterias que causan granos y acné. También ayuda a destapar los poros del folículo piloso. Si usas alguno de estos productos, hazlo poco a poco. Antes de usar el pro-

EL ACNÉ Y LA ALIMENTACIÓN

La gente solía creer que ciertos alimentos podían causar acné. El chocolate y la comida grasosa, como las papas fritas, eran los villanos más populares. Los médicos no han podido comprobar que exista un vínculo entre la dieta y el acné. Sin embargo, si descubres que ciertos alimentos te sacan granos, mejor evítalos. Definitivamente, ¡comer menos frituras y chocolates no te hará daño!

ducto, haz una prueba en la piel para cerciorarte de que no seas alérgica.

Cuando uses el producto por primera vez, aplícalo a la zona infectada sólo cada dos días. Después de dos semanas puedes aplicártelo a diario. Ten cuidado de no mancharte la ropa con peróxido de benzoilo. Es un blanqueador potente y puede dañarla permanentemente.

• ÁCIDO SALICÍLICO. El ácido salicílico también es eficaz para el tratamiento del acné. Es uno de los ingredientes de varios productos que se venden sin receta médica. Se usa para barros blancos y negros, y evita que vuelvan a salir. Los productos de ácido salicílico pueden ser usados con otros tratamientos. Sigue las instrucciones que vienen con el producto.

• JABONES Y ESPONJAS ABRASIVOS. Éstos pueden empeorar el acné. No los uses si tienes muchos granos o acné severo. Los adolescentes afroamericanos siempre deben evitar usar jabones u otros productos abrasivos. (Ver recuadro en la página 122.)

Recuerda que todo medicamento que se vende sin receta para curar el acné puede irritar la piel. Siempre sigue cuidadosamente las instrucciones. Debes esperar entre seis y ocho semanas para ver resultados.

CONSEJOS ESPECIALES PARA EL CUIDADO DE LA PIEL AFROAMERICANA

Las afroamericanas y otras mujeres de color deben ser especialmente cuidadosas acerca del uso de productos para la piel y sistemas depiladores.

- **Jabones y esponjas abrasivos.** Los jabones y esponjas abrasivos pueden causar zonas permanentes de piel más oscura o más clara.

- **Irritación por afeitado.** Las afroamericanas que se afeitan tienen más propensión a desarrollar irritación por afeitado. Rasurarse el área de bikini es lo que más problemas causa. El afeitado corta el vello en un ángulo, dejando una punta dura. Después de afeitarlo, el pelo rizado puede esconderse dentro de la superficie de la piel o pinchar la superficie y encarnarse. (Ver figura 31.) Esto puede causar inflamaciones serias debajo de la superficie de la piel. Si tienes este problema, no te afeites el vello púbico. Cuando te afeites cualquier otra parte, siempre aféitate en la dirección del crecimiento del vello.

- **Depiladores químicos.** Ten especial cuidado cuando uses uno de estos productos. Pueden ser irritantes. Siempre prueba en un cuadradito de piel antes de aplicarlo a áreas extensas. No salgas al sol ni nades hasta veinticuatro horas después del uso.

- **Queloides.** La piel afroamericana tiene mayor propensión a formar cicatrices anormales llamadas queloides. Si es tu caso, incluso un pequeño arañazo al afeitarte o apretarte un grano puede dejar una cicatriz visible. Habla con tu médico antes de usar cualquier método de depilación.

Tratamiento médico

Hay quienes dicen: "Deja que el acné se te pase por sí solo, con el tiempo se va". Pero hay tratamientos médicos que te pueden ayudar. Asimismo, si no se tratan los casos severos de acné, pueden quedar cicatrices permanentes. Si tu acné no es leve, lo mejor es consultar con un médico. Los parámetros que se mencionan a continuación te ayudarán a decidir. Consulta con un médico si tienes acné y concuerdas con alguna de las siguientes frases.

- Has usado medicamentos de venta sin receta por dos meses o más y la piel no te ha mejorado mucho.

- El acné no te permite disfrutar plenamente de la vida.

- Tienes granos grandes, rojos y dolorosos.

- Tienes piel oscura y has notado que el acné te está causando

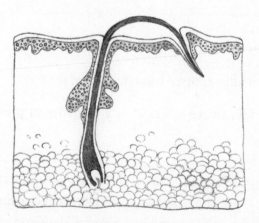

Figura 31. Irritación por afeitado. El pelo enrizado causa este problema. El afeitado corta el pelo en ángulo y deja una punta dura. La punta puede retirarse dentro de la piel y causar una inflamación dolorosa.

LAS VENTAJAS DE LA PUBERTAD

La pubertad no es sólo sudor y granos. Quizá parezca que lo es, porque nos hemos pasado toda una clase (o todo un capítulo) hablando sobre las desventajas. Por eso, al final de las clases, les decimos a todos que la pubertad tiene aspectos positivos y hago una lista de todas las cosas buenas que te suceden durante este periodo de cambio. Aquí está una de estas listas. ¿Qué le añadirías tú?

más privilegios

irme a dormir más tarde

ser mi propio jefe

manejar

entrar a películas aptas para
   mayores de 17 años

más respeto

más dinero

entrar al equipo de la escuela
   secundaria

sacarme los fierros de los
   dientes

tener curvas en el cuerpo

conseguir un empleo

citas

nueva escuela

nuevos amigos

ir a fiestas

tener dinero propio

ir a la universidad

nuevos amigos

tomar mis propias decisiones
   (a veces)

manchas oscuras en la piel.

• Varios familiares tuyos han tenido acné severo.

• Tienes sólo nueve o diez años y ya tienes tu primer brote de acné.

Tu médico puede recetarte un tratamiento específico para tu problema de acné. Te puede recetar también medicamentos que no se pueden comprar sin receta médica. Siempre sigue con cuidado todas las indicaciones del doctor. Asegúrate de decirle a tu médico acerca de cualquier producto sin receta médica que hayas usado o estés usando. Algunos productos pueden causar una mala interacción con los medicamentos recetados por el doctor. Es posible que tome un par de meses o más para que el tratamiento te mejore el acné. En algunos casos, tu médico te puede enviar a un dermatólogo. Un dermatólogo es un especialista en problemas de la piel.

ESTRÍAS

Algunas jóvenes desarrollan estrías durante la pubertad. Las estrías son líneas moradas o blancas en la piel. No son comunes, pero pueden ocurrir si el crecimiento rápido estira la piel demasiado pronto. A veces, subir mucho de peso causa estrías. A menudo estas marcas se hacen menos evidentes con la edad. Pero no hay solución para ellas; sólo esperar que se vayan solas.

Las estrías, vello púbico, vello axilar, traspiración y acné son sólo algunos de los cambios que ocurren durante la pubertad. En el próximo capítulo, seguiremos hablando de los demás.

6.
LOS ÓRGANOS REPRODUCTIVOS Y EL CICLO MENSTRUAL

En el capítulo 3, hablamos sobre los órganos sexuales en la parte exterior del cuerpo. También tenemos órganos sexuales dentro del cuerpo. Se llaman los órganos reproductivos. ¿Por qué? Porque estos órganos permiten que nos reproduzcamos o tengamos bebés. En este capítulo, hablaremos sobre estos órganos y cómo cambian a medida que pasamos por la pubertad.

Uno de los resultados de estos cambios en los órganos reproductivos es que una muchacha tiene su primer periodo menstrual. Otro resultado es que la muchacha ovula por primera vez. (Como quizá recuerdes del capítulo 1, el óvulo es la célula reproductiva femenina.

Los óvulos están almacenados en los ovarios. La ovulación es la liberación de un óvulo del ovario.)

Una mujer madura ovula aproximadamente una vez al mes. Unas dos semanas después de ovular, generalmente tiene su periodo menstrual. Este ciclo de ovulación y menstruación se repite aproximadamente todos los meses durante gran parte de su vida adulta. (Una excepción se produce durante el embarazo. Las embarazadas no ovulan.)

Este ciclo de ovulación y menstruación se llama el ciclo menstrual. Las muchachas jóvenes a menudo menstrúan sin ovular. Toma un tiempo que tengan un ciclo regular de ovulación y menstruación.

En este capítulo aprenderás cómo los ovarios producen un óvulo maduro. Explicaremos lo que sucede dentro del cuerpo cuando tienes la regla. Aprenderás sobre el ciclo menstrual. También te daremos ciertas pautas para ayudarte a saber qué es normal o no es normal, durante el ciclo menstrual. Finalmente, te enterarás sobre el síndrome premenstrual y otros cambios que puedas experimentar durante la regla.

UN VISTAZO POR DENTRO: LOS ÓRGANOS REPRODUCTIVOS

Los órganos sexuales dentro del cuerpo femenino nos permiten reproducirnos. Estos órganos se enumeran abajo. Lee la lista. Luego trata de buscar estos órganos en la figura 32.

LOS ÓRGANOS REPRODUCTIVOS

- OVARIOS: Donde están almacenadas las células reproductivas femeninas, los óvulos.

- TROMPAS DE FALOPIO: Los conductos por los cuales se trasladan los óvulos hacia el útero (también llamados tubos uterinos u oviductos).

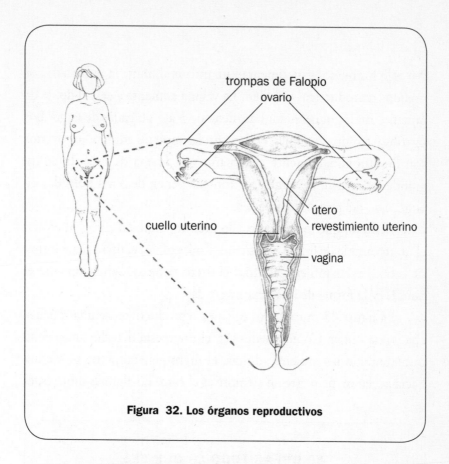

Figura 32. Los órganos reproductivos

- ÚTERO: Donde crece un bebé durante los nueve meses de embarazo (también llamado matriz).

- REVESTIMIENTO UTERINO: El tejido grueso con abundante riego sanguíneo que cubre el útero y se elimina durante cada menstruación.

- CUELLO UTERINO: La parte inferior del útero, que encaja en la parte superior de la vagina.

- CANAL CERVICAL: Un túnel delgado en el centro del cuello uterino; el canal cervical va de la vagina al útero.

- VAGINA: Un tubo muscular dentro del cuerpo, que va de la vulva al cuello uterino.

El estirón interior

No sólo los huesos experimentan un estirón durante la pubertad. Los órganos reproductivos también. La vagina aumenta a casi el doble de tamaño. En las mujeres adultas, tiene de 3 a 5 pulgadas de largo. Los ovarios y trompas también crecen. En las mujeres adultas, los ovarios son de aproximadamente el tamaño y la forma de una almendra grande (aún en su cáscara). Las trompas tienen de 3 a 4 pulgadas de largo. Son del grosor de un fideo.

El útero, que incluye el cuello uterino, también crece. Al crecer, el útero cambia de forma y posición. En las niñas, el útero tiene forma de tubo. En las mujeres adultas, el útero tiene aproximadamente el tamaño y la forma de una pera invertida.

La figura 33 muestra los órganos reproductivos de una muchacha y una mujer. Como puedes ver, el útero está derecho antes de la pubertad. En las mujeres adultas, el útero generalmente se inclina hacia adelante, pero éste no siempre es el caso. En algunas mujeres, el

NO CREAS TODO LO QUE VES

A menudo, las ilustraciones dan la impresión de que la vagina es hueca, que tiene un espacio vacío adentro. ¡No es así! Anteriormente, explicamos que la vagina es como un globo que aún no se ha inflado. No hay espacio vacío dentro de la vagina. Quizá sea mejor imaginarse la vagina como la manga de un abrigo. Si nadie tiene puesto el abrigo y no hay nada dentro de la manga, simplemente no habrá espacio vacío. Más bien, los lados de la manga vacía estarán planos, uno contra el otro. Tampoco hay espacio vacío dentro de la vagina. Normalmente, las paredes interiores de la vagina, como el interior de la manga, se tocan.

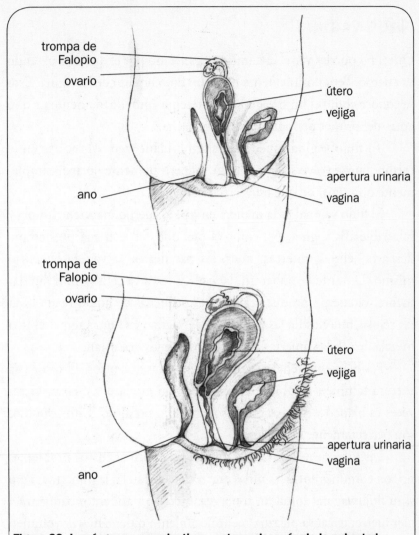

Figura 33. Los órganos reproductivos, antes y después de la pubertad.
Los órganos reproductivos cambian a medida que crecemos. Aumentan
de tamaño y cambian de posición con el crecimiento. Puedes ver que el
útero es casi vertical en una muchacha joven, pero generalmente está
inclinado hacia adelante en la mujer.

útero no se inclina hacia adelante. En realidad, en algunas, se inclina
hacia atrás. Todas estas posiciones son perfectamente normales.

FLUJO VAGINAL

Quizá no puedas ver el crecimiento acelerado por el que está pasando tu cuerpo. Pero posiblemente notes un flujo líquido de la vagina. Esto se conoce como el flujo vaginal. Se presenta aproximadamente un año antes del primer periodo de una muchacha.

Tu flujo vaginal puede ser claro o blancuzco. Al secarse en el calzón, puede volverse amarillento. Es perfectamente normal; simplemente otra señal de que estás creciendo.

El flujo vaginal es la manera en que el cuerpo mantiene limpia y saludable a la vagina. Así como la piel que cubre el cuerpo siempre descarta células muertas, pues, las paredes de la vagina hacen lo mismo. Durante la pubertad, la vagina descarta células más rápidamente. El cuerpo produce cantidades pequeñas de líquido para lavar las células muertas de las paredes de la vagina. El flujo vaginal es una mezcla de células muertas y los fluidos que las descartan.

Posiblemente tengas más flujo unos días que otros. El color y la textura también cambian. A veces el flujo es claro y oleoso. Otras veces es blanco y, ya sea, cremoso, espeso o pegajoso. Estos cambios son perfectamente normales.

Las infecciones pueden causar flujo anormal. Estos problemas no son comunes entre las niñas que recién entran en la pubertad. Pero si tu flujo vaginal toma un tono verduzco o amarillento, comienza a oler fuerte, te causa picazón o enrojecimiento o tiene mayor volumen que el acostumbrado, consulta a tu médico. La mayoría de las infecciones en las muchachas de tu edad no son serias si reciben tratamiento inmediato. O sea que ve al médico y haz que lo examine.

LAS HORMONAS

Las hormonas causan el crecimiento de los órganos reproductivos. Las hormonas causan el flujo vaginal. De hecho, las hormonas desem-

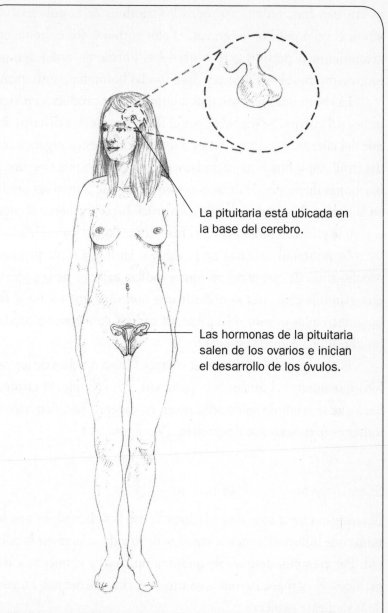

La pituitaria está ubicada en la base del cerebro.

Las hormonas de la pituitaria salen de los ovarios e inician el desarrollo de los óvulos.

Figura 34. Las hormonas. Cuando son estimulados por las hormonas de la pituitaria, los ovarios producen una mayor cantidad de la hormona femenina estrógeno. El estrógeno recorre el cuerpo de las muchachas, causando muchos cambios, incluida la hinchazón de los senos y el desarrollo de tejido adiposo alrededor de las caderas.

peñan una función en casi todos los cambios de la pubertad. Los senos, el vello púbico, los granos, el olor corporal, los estirones en el crecimiento... ¡lo que se te ocurra! Las hormonas están detrás de todos estos cambios. Entonces, ¿qué son las hormonas, exactamente?

Las hormonas son sustancias químicas. Se producen en ciertas partes del cuerpo. Se trasladan por el flujo sanguíneo a diversos órganos del cuerpo. Portan mensajes que les dicen a estos órganos cómo desarrollarse y funcionar debidamente. El cuerpo produce muchas hormonas diferentes. Hablaremos sólo de las que causan los cambios en la pubertad y regulan el ciclo menstrual. Estas hormonas se producen en la glándula pituitaria en la base del cerebro y los ovarios.

La pubertad se inicia en la cabeza, en la glándula pituitaria. Mucho antes de que notes cualquier indicio exterior de la pubertad, esta glándula comienza a producir una hormona que va por el flujo sanguíneo a los ovarios. Hace que los ovarios comiencen a producir otra hormona llamada estrógeno.

El estrógeno recorre todo el cuerpo. Causa muchos de los cambios que notarás al inicio de la pubertad. Por ejemplo, el estrógeno hace que se acumule tejido adiposo en las caderas. También hace que los senos te crezcan y se desarrollen. (Ver figura 34.)

El estrógeno y el ciclo menstrual

El estrógeno no es sólo algo relacionado con la pubertad. Es una hormona que influye en muchos aspectos de tu vida, además de la pubertad. Por ejemplo, después de que una muchacha comienza a tener periodos, el estrógeno ayuda a controlar el ciclo menstrual. Funciona de la siguiente manera.

Al comienzo de cada ciclo menstrual, la glándula pituitaria envía una hormona a los ovarios. Esta hormona lleva un mensaje a los óvulos depositados allí. Hay miles de óvulos en cada ovario. Cada óvulo está dentro de su propia bolsita. Los óvulos almacenados en los ovarios de una muchacha joven no han madurado del todo. No pueden madurar por sí solos. Deben esperar a la hormona de la pituitaria. Al inicio de cada ciclo menstrual, la hormona pituitaria llega al ovario y causa que aproximadamente veinte óvulos crezcan y se desarrollen.

A medida que los óvulos se desarrollan, las células en las paredes de las bolsitas que los envuelven producen más y más estrógeno. Como resultado, el nivel de estrógeno en el flujo sanguíneo aumenta. Esto causa cambios en el útero. Surgen nuevos vasos sanguíneos en el revestimiento uterino. El revestimiento se engrosa rápidamente; de hecho, ¡se vuelve cinco veces más grueso! (Si la mujer sale embarazada, esta pared ayuda a nutrir al bebé que crece dentro de ella.)

La ovulación

Mientras tanto, en el ovario, uno de los óvulos que se desarrolla crece mucho más grande que el resto. También produce mucho más estrógeno que los demás. Éste es el óvulo que se liberará durante la ovulación. Normalmente sólo se libera un óvulo cuando una mujer *ovula*. No está claro cómo ni por qué se "selecciona" un óvulo en particular

DOLOR DURANTE LA OVULACIÓN

La mayoría de nosotras no siente nada cuando la burbuja del ovario se revienta y libera el óvulo. Ni siquiera nos damos cuenta de cuándo sucede, pero algunas mujeres sí sienten dolores durante la ovulación. Este dolor se llama *Mittelschmerz*. (¡Ni intentes pronunciar esta palabra en alemán!) Generalmente crea la sensación de un leve cólico que se siente en la parte inferior izquierda o derecha del vientre, el cual en la mayoría de los casos, dura a lo más unas cuantas horas. En algunas mujeres, sin embargo, el dolor dura un día o dos.

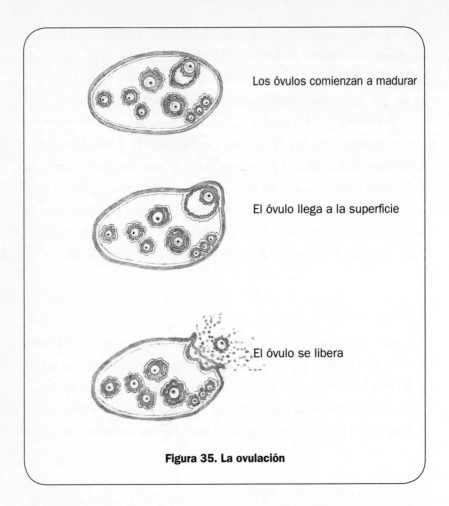

Los óvulos comienzan a madurar

El óvulo llega a la superficie

El óvulo se libera

Figura 35. La ovulación

para que madure plenamente, pero sea como fuere, los demás óvulos dejan de crecer y se encogen.

El óvulo seleccionado, que está en su propia bolsa, crece tanto que presiona contra la pared exterior del ovario. Crea tanta presión que forma una pequeña burbuja en la superficie del ovario.

En este momento, el nivel de estrógeno alcanza su punto máximo. Este alto nivel de estrógeno envía un mensaje a la pituitaria. En respuesta, la pituitaria aumenta la producción de otra hormona. Al igual que la hormona que inicia el desarrollo de los óvulos, esta hormona también se dirige al ovario. Causa que la burbuja en la superficie del ovario se reviente y libere el óvulo. Como hemos dicho, esta liberación del óvulo maduro del ovario se llama ovulación. (Ver figura 35.)

La fertilización

Cuando el óvulo se libera del ovario, los extremos de la trompa de Falopio más cercana se extienden como dedos. Forman un puente que trasporta rápidamente el óvulo al interior de la trompa. La trompa está cubierta de vellos microscópicos que se ondean de un lado a otro. Lentamente, durante los días siguientes, ayudan a que el óvulo pase por la trompa hacia el útero.

El óvulo puede toparse con los espermatozoides del hombre dentro de la trompa. (Si recuerdas el capítulo 1, un hombre puede eyacular espermatozoides en la vagina de su pareja durante las relaciones sexuales. Algunos de los espermatozoides posiblemente naden dentro del útero y hacia arriba por las trompas.)

Si una pareja tiene relaciones alrededor del momento de la ovulación, las probabilidades son buenas de que el óvulo se tope con espermatozoides en la trompa. Si es así, un espermatozoide puede ingresar al óvulo. Esta unión del óvulo y el espermatozoide se llama fertilización. Del óvulo fertilizado puede desarrollarse un bebé.

El óvulo sólo puede ser fertilizado en la mujer durante las veinticuatro horas después de salir del ovario, pero los espermatozoides pueden permanecer vivos dentro del cuerpo de la mujer hasta cinco días. Por lo tanto, los espermatozoides del coito que tuvo lugar días antes de la ovulación pueden permanecer en el cuerpo de la mujer. Cuando el óvulo maduro ingresa a la trompa, es posible que el espermatozoide ya esté allí, esperando la oportunidad de fertilizarlo. Esto significa que la mujer puede salir embarazada si tiene relaciones *en cualquier momento en los cinco días previos a la ovulación o las veinticuatro horas posteriores a la ovulación.* También hay la pequeña posibilidad de que salga embarazada si tiene relaciones más de cinco días *antes* o más de un día *después* de la ovulación.

El óvulo, fertilizado o no, continúa desplazándose hacia el útero. Llega al útero de cinco a siete días después de salir del ovario. (Ver figura 36.)

Mientras tanto, en la superficie del ovario, lo que queda de la burbuja que alguna vez contuvo el óvulo maduro comienza a producir otra hormona. Esta hormona se llama progesterona. Causa que el revestimiento uterino produzca fluidos especiales. Estos fluidos ayudan a nutrir el óvulo fertilizado en las etapas iniciales del embarazo. Para cuando el óvulo llega al útero, el revestimiento se ha vuelto muy grueso. Si está fertilizado, el óvulo se implanta en el revestimiento en unos cuantos días. Esto envía un mensaje al ovario, que causa que los restos de la burbuja que reventó continúen produciendo hormonas. Estas hormonas causan que el revestimiento uterino siga engrosándose, para que pueda nutrir al óvulo implantado. Durante los siguientes nueve meses, el óvulo fertilizado pasa a ser un bebé.

La menstruación

Si el óvulo no es fertilizado, no se implanta en el revestimiento uterino. Entonces, simplemente se disuelve. Por lo tanto, no se envía ningún mensaje al ovario y los restos de la burbuja que reventó dejan de producir progesterona.

Cuando el nivel de progesterona en el flujo sanguíneo disminuye, el revestimiento del útero se desprende. El recubrimiento esponjoso se desliza por las paredes del útero. Los tejidos se deshacen y se vuelven líquidos. Este líquido, junto con la sangre del revestimiento, se acumula en la parte inferior del útero. (Quizá quieras volver a echarle un vistazo a la figura 11 del capítulo 1, en la página 25.) De allí, la sangre y los tejidos gotean a la vagina y salen por la apertura vaginal. Esta sangre y tejido se llama flujo menstrual. Generalmente

LA MENOPAUSIA

El ciclo menstrual no dura para siempre. Cuando la mujer alcanza cierta edad, generalmente entre los cuarenta y cinco y cincuenta y cinco años, su ciclo menstrual se detiene. Los ovarios dejan de producir un óvulo maduro mensualmente. Ya no tiene su periodo mensual ni puede tener un bebé.

Tenemos un nombre especial para el momento en la vida de la muchacha en el que comienza a menstruar y ovular. Lo llamamos *pubertad.* También tenemos un nombre para el momento en la vida de una mujer en que deja de menstruar y ovular. Se llama *menopausia.*

continúa durante dos a siete días antes de parar. Como hemos dicho, estos días de sangrado se llaman menstruación, periodo menstrual o, más coloquialmente, la regla.

EL CICLO MENSTRUAL

La disminución en la producción de hormonas por el ovario causa que el revestimiento uterino se desprenda y comience la menstruación. Esta disminución también tiene otro efecto. Una vez que las hormonas bajan a cierto nivel, la pituitaria se vuelve a activar. Vuelve a enviar una hormona al ovario, lo que causa que otro grupo de veinte o más óvulos comiencen a desarrollarse. A medida que los óvulos se desarrollan, comienzan a producir mayores cantidades de estrógeno. Y nuevamente, el nivel más alto de estrógeno causa que el revestimiento uterino comience engrosar. Cuando el nivel de estrógeno llega al máximo, se libera otro óvulo maduro del ovario. Si no es fertilizado, el revestimiento se vuelve a desprender y empieza otra menstruación.

El ciclo menstrual se ha vuelto a poner en marcha. Todo el ciclo

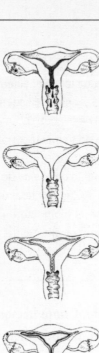

Días 1–5: Durante los primeros cinco días, se desprende el revestimiento uterino y la muchacha tiene su periodo. Al mismo tiempo, los óvulos comienzan a madurar.

Días 6–13: Durante esos días, los óvulos continúan madurando. Además, el revestimiento uterino comienza a volverse más grueso y llenarse de nutrientes.

Día 14: En el día 14 del ciclo típico de 28 días, se produce la ovulación. Generalmente sólo se libera un óvulo.

Días 14–19: Durante estos días, el óvulo se desplaza por la trompa de Falopio hacia el útero. El revestimiento uterino continúa engrosándose.

Día 20: El óvulo llega al útero aproximadamente el día 20 del ciclo típico.

Días 21–28: Si no ha sido fertilizado, el óvulo se disuelve y el revestimiento uterino se desprende. El sangrado comienza nuevamente el día 29, que es el primer día del siguiente ciclo.

Figura 36. Un ciclo menstrual típico. Un ciclo menstrual típico dura veintiocho días. Sin embargo, un ciclo menstrual puede durar más o menos de veintiocho días. Las muchachas jóvenes que han comenzado a menstruar tienen mayores probabilidades de tener ciclos menstruales irregulares.

se repite una y otra vez. Cada uno de los ciclos repetidos se llama ciclo menstrual. (Ver figura 36.)

Duración del ciclo

El ciclo menstrual comienza con tu periodo. El primer día de tu regla es el día 1 del ciclo menstrual. El ciclo continúa con el día 2, el día 3 y así sucesivamente, hasta que se inicia el siguiente periodo menstrual. La próxima vez que tu regla se inicia es el día 1 del siguiente ciclo menstrual. Un ciclo completo va desde el primer día de un periodo hasta el primer día del siguiente periodo.

La duración del ciclo es el número de días entre periodos. (Ver figura 36.) La duración del ciclo varía de mujer a mujer. Una mujer también experimenta variaciones de un ciclo al siguiente. Entre las mujeres adultas, un ciclo menstrual generalmente dura de veintiún a treinta y cinco días. El promedio es de aproximadamente veintiocho días, pero hay muy pocas mujeres que en realidad tienen periodos cada veintiocho días, año tras año.

Un mes, el ciclo de la mujer puede durar veintisiete días. El siguiente ciclo puede durar veintinueve días. El ciclo posterior puede ser de treinta días. Cada una de nosotras tiene su propio patrón. Algunas de nosotras somos más regulares que otras. En general, los ciclos menstruales tienden a ser mayormente regulares entre las mujeres de veinte a cuarenta años de edad. Ése no siempre es el caso, como explica una mujer.

> Era muy regular cuando era más joven. Era como un reloj: una vez cada veintiséis días. Luego, cuando cumplí treinta, mi ciclo se volvió muy irregular: una vez cada veintidós días, cada veintiséis días, cada treinta. Ahora he vuelto a ser más regular.
>
> —PATRICIA, 37 AÑOS

Los médicos no siempre pueden decirnos por qué algunas mujeres son regulares y otras no, o por qué nuestro patrón puede cambiar. Pero sí sabemos que los viajes, los altibajos emocionales, el estrés y las enfermedades pueden afectar la duración del ciclo. Además, las mujeres que pasan mucho tiempo unas con las otras tienen ciclos de la misma duración y les viene la regla casi al mismo tiempo. Una mujer nos dijo:

> Siempre he menstruado casi al mismo tiempo que las otras mujeres que frecuento. Cuando vivía en casa, mis hermanas y yo siempre teníamos la regla a la vez… Cuando me mudé para ir a la universidad, descubrí que mis periodos cambiaron. Comencé a menstruar aproximadamente a mediados de mes, como mis compañeras de habitación.
>
> —TERESA, 24 AÑOS

Ciclos irregulares en jóvenes

Las jóvenes que acaban de comenzar a tener su periodo probablemente sean irregulares. El cuerpo toma un tiempo en acostumbrarse a menstruar y ovular. De hecho, las muchachas a menudo tienen ciclos en los que menstrúan pero no ovulan.

Toma de dos a tres años que una chica tenga un patrón regular de ovulación y menstruación. Lo más probable es que los primeros periodos sean irregulares. Sin embargo, incluso cuando son irregulares, los ciclos generalmente duran de veintiún a cuarenta y cuatro días.

En el pasado, los médicos no se preocupaban mucho si una muchacha joven tenía ciclos más cortos o largos que eso. Pensaban que simplemente era parte de los ciclos irregulares que se sabe que las chicas tienen. Sin embargo, muchos médicos han cambiado de opinión al respecto. Consideran que una muchacha debe ser examinada por un médico si sus ciclos repetidamente tienen menos de veintiún días o más de cuarenta y cuatro días. Tener ciclos más cortos o más largos de lo normal no siempre significa que la muchacha tiene un problema médico, pero como *es posible* que lo tenga, muchos médicos piensan que es necesario que se haga examinar.

Duración del periodo

El periodo puede durar de dos a siete días. El promedio es aproximadamente cinco días. La duración de tu regla puede variar de un ciclo al siguiente. Por ejemplo, un ciclo puedes sangrar tres días y el siguiente ciclo, seis días. Después de que el tiempo entre periodos pasa a ser más regular, la duración de tus periodos generalmente también se vuelve más regular. Cuando una mujer se aproxima a la menopausia, la duración de sus periodos puede comenzar a variar nuevamente de un periodo al siguiente.

En cualquier momento de la vida, se considera anormal el sangrado de más de siete días. Si tus periodos regularmente duran más de siete días, consulta a tu médico. Esto generalmente no es indicio de un problema serio, pero los periodos largos, especialmente si hay mucho sangrado, pueden causar anemia y la sensación de cansancio, o sea que hazte examinar.

Cantidad y patrón del flujo menstrual

Aunque pareciera que sale mucha sangre cuando tienes la regla, en realidad no es tanta. Desde el comienzo hasta el final de tu periodo, el flujo menstrual generalmente alcanza de un cuarto a un tercio de taza.

Puedes sangrar más unos meses que otros. Esto es muy normal, pero a veces el sangrado puede ser excesivo. Anda al médico si estás empapando una toalla higiénica o un tampón cada hora durante todo un día. (Las toallas higiénicas y los tampones se usan para absorber el

LAVADOS VAGINALES

Los lavados vaginales (duchas) pueden ser con agua pura o agua mezclada con vinagre o polvo para duchas. Ahora, los lavados vienen ya preparados en botellas de plástico. La botella tiene una boquilla en un extremo. La mujer se echa en una tina vacía y se inserta la boquilla en la vagina. Luego aprieta la botella. Esto fuerza el líquido dentro de la vagina y la enjuaga.

Los lavados vaginales realmente no son una buena idea. No son necesarios porque, como quizá recuerdes haber leído en este capítulo, los fluidos del cuello uterino y paredes vaginales enjuagan la vagina y la mantienen limpia naturalmente. Estos fluidos ayudan a prevenir las infecciones. Los lavados incluso pueden ser dañinos porque pueden cambiar el equilibrio químico natural de la vagina y producir infecciones. También existe la posibilidad de que estos líquidos acarreen bacterias dentro del útero. Por todas estas razones, las muchachas no deben hacerse lavados vaginales.

flujo menstrual. Ver capítulo 7.) A propósito, nos referimos a literalmente empaparlos, hasta que la toalla higiénica o tampón esté repleto de sangre.

En una mujer adulta, el flujo por lo general es mayor durante los dos o tres días iniciales de su periodo. Durante los primeros dos o tres años después de que una muchacha comienza a menstruar, posiblemente tenga patrones de sangrado más erráticos. El patrón puede variar de un ciclo al otro.

Los coágulos y el color del flujo

El flujo menstrual puede tener masas gruesas de sangre, llamadas coágulos. Es más probable que notes los coágulos si has estado sentada o echada por un tiempo y luego cambias de posición. Los coágulos se forman cuando la sangre se acumula en la parte superior de la vagina cuando estás sentada o echada. Es más probable que tengas coágulos por la mañana cuando recién te despiertas. Mientras la cantidad del flujo sea normal, no hay necesidad de preocuparse sobre coágulos.

El flujo menstrual puede ser rosa, rojo vivo, rojo oscuro o algún tono intermedio. Todos estos colores son normales. El color también puede variar de un periodo al siguiente o incluso de un día al otro día durante el periodo. Nuevamente, esto es perfectamente normal.

La sangre tiende a ponerse parda cuando entra en contacto con el aire. Si tu flujo menstrual se demora en salir del cuerpo, es posible que se ponga parduzco. Lo más probable es que sea pardo hacia el final del periodo.

Ausencia de periodos

A veces, quizá no te venga la regla o dejes de tener periodos del todo. Entre las mujeres que han tenido relaciones sexuales, la causa más común de la falta del periodo es el embarazo. Por lo tanto, si has tenido relaciones y no te viene la regla, anda al médico o a una clínica de inmediato. Es posible que estés embarazada.

Hay otras razones por las que puedes saltarte un periodo. La ausencia de periodos es especialmente común entre las jóvenes que recién comienzan a menstruar. Incluso las mujeres que han estado menstruando con regularidad durante muchos años a veces se saltan un periodo.

Es normal saltarse un periodo de vez en cuando, pero si has estado teniendo periodos regularmente y luego te saltas periodos, puede ser indicio de que algo anda mal. Si no tienes relaciones sexuales y no es posible que estés embarazada, debe examinarte un médico si te saltas tres periodos seguidos. Algunos médicos recomiendan que las muchachas se hagan ver si no les viene la regla en dos ocasiones seguidas.

Manchas

Las manchas entre periodos pueden ser, literalmente una simple mancha, o un día o dos de sangrado muy ligero. No es inusual que te vengan manchas durante un día o dos alrededor del momento de la ovulación. Te puedes dar cuenta si el sangrado está relacionado con la ovulación. Toma notas sobre tus ciclos menstruales. Apunta las fechas en las que tienes manchas y la fecha en que comienza tu periodo. Las manchas que suceden aproximadamente dos semanas antes del inicio de tu periodo probablemente estén relacionadas con la ovulación. No debes preocuparte sobre este tipo de manchas. Si se producen manchas en otras ocasiones y continúan durante más de tres ciclos, ve al médico.

Pautas generales

En las últimas páginas, hemos tratado de darte una idea de lo que es normal y lo que no lo es cuando se trata del ciclo menstrual y el periodo menstrual. Pero recuerda que la información en este capítulo es apenas una pauta. Si sientes que algo anda mal con tu ciclo menstrual, consulta a tu médico. Si efectivamente tienes un problema, lo habrás detectado muy temprano. Si no hay ningún problema, puedes dejar de preocuparte.

OTROS CAMBIOS EN EL CICLO MENSTRUAL

Las mujeres pueden notar cambios en su cuerpo o en sus emociones durante ciertos periodos en su ciclo menstrual. A una mujer que conozco le da mucha energía durante su periodo. A menudo le dan arrebatos de limpiar la casa (lo cual es bueno porque, la mayoría del tiempo, no le interesan mucho los quehaceres del hogar). De siete a diez días antes del inicio de su periodo, los senos de algunas mujeres se llenan de bultos, se hinchan y se vuelven sensibles. Otra mujer me contó lo que llama "la vagina de plomo". Los primeros dos días de su periodo, tiene la sensación de que la vagina y vulva le pesan, como "si estuvieran hechas de plomo". Las sensaciones sexuales se intensifican en muchas mujeres a punto de ovular.

La mayoría de las muchachas y mujeres con las que hablamos nota algún cambio emocional o físico relacionado con su ciclo menstrual. La mayoría de estos cambios sucede durante sus periodos o alrededor de la semana previa a su regla. Éstos son algunos de los cambios por los que quizá pases antes o durante tu periodo:

más energía
falta de energía o una sensación de cansancio o torpeza
cambios repentinos de humor
tensión o ansiedad
depresión
sensación de bienestar
despliegues de creatividad
antojo de dulces
granos, acné u otros problemas de la piel
piel particularmente despejada o con un resplandor rosa
intensificación de las sensaciones sexuales
dolores de cabeza
visión borrosa
diarrea
estreñimiento
hinchazón de los tobillos, muñecas, manos o pies
hinchazón y sensibilidad de los senos
hinchazón del abdomen
sensación de hinchazón
aumento temporal de peso (por lo general de tres a cinco libras)
menor capacidad de concentración
mayor capacidad de concentración

aumento de apetito

aumento de sed

cólicos menstruales

mayor necesidad de orinar

infecciones urinarias

cambios en el flujo vaginal

náuseas

secreción nasal

llagas en la boca

dolores de espalda

En algunas mujeres, estos cambios son muy obvios. Otras apenas los notan. Y algunas mujeres no notan ningún cambio en absoluto.

SÍNDROME PREMENSTRUAL

Si una mujer tiene uno o más de los cambios negativos arriba enumerados durante los siete a diez días previos a su periodo menstrual, es posible que tenga el síndrome premenstrual, (*premenstrual syndrome* o PMS, por sus siglas en inglés). No se conocen bien las causas del síndrome premenstrual. Algunos médicos piensan que una deficiencia nutricional y de vitaminas causa el síndrome premenstrual. Otros piensan que se debe a un desequilibrio hormonal.

Los tipos leves de síndrome premenstrual son bastante generalizados. Muchas de nosotras tenemos síntomas del síndrome premenstrual en algún momento de nuestra vida. Una sensación de hinchazón, granos o senos abultados son algunos de los síntomas más comunes del síndrome premenstrual.

Si tienes síntomas leves del síndrome premenstrual, puedes probar ciertas cosas. Puedes eliminar el azúcar, café y chocolate de tu dieta. Come comidas balanceadas ricas en vitamina B6 y magnesio (verduras, granos integrales, nueces y semillas). Toma un suplemento vitamínico que incluya vitaminas del complejo B. Algunos médicos tratan el síndrome premenstrual con hormonas, pero otros no están seguros de que los tratamientos con hormonas realmente funcionen.

Si piensas que tienes el síndrome premenstrual, debes acudir a un médico que conozca sobre el síndrome premenstrual.

REGISTRO DE TU CICLO MENSTRUAL

Es buena idea mantener un registro de tus ciclos menstruales. De esta manera puedes notar los cambios, como manchas durante la ovulación, que sucedan durante tu ciclo menstrual. También te darás cuenta de tu propio patrón y de cuándo esperar tu siguiente periodo. (Pero recuerda que al comienzo quizá no seas muy regular.)

Necesitarás un calendario. El primer día de tu periodo, pon una x en tu calendario. Luego pon una x cada día que el sangrado continúe. Cuando comience tu siguiente periodo, vuelve a poner una x. Puedes contar el número de días entre tus periodos. De esa manera, comenzarás a darte una idea de la duración normal de tu ciclo menstrual. (Ver figura 37.)

Quizá también quieras tomar nota de los cólicos menstruales, dolores durante la ovulación o cualquier otro cambio menstrual que notes. Por ejemplo, quizá notes que te provoca comer dulces. O quizá te pongas tensa y malhumorada, o los senos se te pongan sensibles. Toma nota sobre esto en tu calendario. De esta manera, puedes darte cuenta si ciertos cambios suceden al mismo tiempo durante cada ciclo menstrual.

Una vez que comiences a ovular y menstruar con un ciclo regular, también es posible que notes que el flujo vaginal te cambia en el trascurso del ciclo menstrual.

El flujo vaginal tiene un patrón diferente en cada mujer. Además, en algunas mujeres estos cambios son más notables que en otras. De

D	L	Ma	Mi	J	V	S
		1	2	3	4	5
6	7	8	9 (X)	10 (X)	11 (X)	12 (X)
13 (X)	14 (X)	15	16	17	18	19
20	21	22	23	24	25	26
27	28	29	30			

D	L	Ma	Mi	J	V	S
				1	2	3
4	5	6	7	8 (X)	9 (X)	10 (X)
11 (X)	12 (X)	13	14	15	16	17
18	19	20	21	22	23	24
25	26	27	28	29	30	31

Figura 37. Toma nota de tus periodos. Para mantenerte al tanto de tus periodos, usa un calendario como éste. Esta muchacha tuvo su primer día de sangrado el nueve y continuó sangrando cinco días más, por lo que marcó estos días con equis. El siguiente ciclo se inició el día ocho del mes siguiente, y su periodo duró cinco días, los cuales indicó con equis. Al contar el número de días entre equis (veintitrés días en el caso de esta muchacha) y agregar el número de días del primer periodo (seis días en el caso de esta muchacha), puedes determinar la duración de tu ciclo menstrual. Ya que veintrés más seis es veintinueve, el ciclo de esta chica es de veintinueve días de duración.

todos modos, existe un patrón general en el flujo vaginal que se aproxima a lo siguiente:

Los días inmediatamente posteriores al periodo menstrual de la mujer, generalmente hay menos flujo vaginal. La vagina y los labios vaginales tienden a estar bastante secos. Unos días más tarde, la cantidad de flujo vaginal aumenta. La vagina y los labios vaginales obviamente están más húmedos. El flujo en esos días puede ser claro, blanco o amarillento. Puede ser más diluido y líquido o más espeso y pegajoso.

Alrededor del tiempo de la ovulación, hay mayor cantidad de flujo vaginal. Este flujo tiende a ser claro y bastante oleoso. Puede estirarse en hebras largas y brillantes. Este tipo de secreción se llama moco fértil porque aparece en la etapa del mes en que la mujer es más fértil o tiene mayores probabilidades de salir embarazada. El moco fértil tiene una constitución química cuya función es ayudar a los espermatozoides en su travesía hacia el óvulo y por lo tanto aumenta las posibilidades de que una mujer salga embarazada.

Después de uno a tres o más días de la ovulación, el moco fértil desaparece. Algunas mujeres no tienen mucho flujo a partir de entonces hasta su siguiente periodo. La vagina y los labios vaginales se ponen bastante secos. Otras mujeres continúan teniendo un poco de flujo y una sensación de humedad, pero el moco es bastante diferente al moco fértil. Tiende a ser muy pegajoso. Y hay otras mujeres que alternan entre días secos y húmedos.

Es bueno mantenerse al tanto de estos cambios en el flujo vaginal. También puedes anotar estos cambios en tu calendario.

Todo esto te ayuda a aprender sobre los patrones especiales y singulares de tu cuerpo.

En este capítulo hablamos sobre lo que te sucede durante el ciclo menstrual, y también de lo que es normal cuando tienes tu regla. En el siguiente capítulo hablaremos de los detalles prácticos sobre los periodos, entre ellos, las opciones que tienes para la protección menstrual.

7

TODO SOBRE LOS PERIODOS

¿Cuándo me vendrá el primer periodo?

Las muchachas hacen esta pregunta con frecuencia. Ojalá tuviéramos la respuesta, pero no es así. Nadie puede predecir cuándo una chica tendrá su primer periodo, pero este capítulo tiene información para ayudarte a calcularlo con fundamento. En este capítulo, también te daremos consejos sobre qué hacer si te viene el periodo en la escuela. Oirás lo que las muchachas y mujeres en nuestras clases y talleres dijeron sobre su primer periodo.

Este capítulo no es sólo para las muchachas que todavía no han comenzado a menstruar. También hay mucha información para las muchachas a las que ya les vino la regla. En este capítulo, hablamos sobre tampones y toallas higiénicas, como también algunos productos nuevos a la venta y el debate sobre la seguridad de algunos de estos productos. También aprenderás sobre los cólicos menstruales y cómo lidiar con ellos.

LO QUE DEBES SABER SOBRE TU PRIMER PERIODO

La edad promedio para comenzar a menstruar varía un poco entre los diferentes grupos raciales y étnicos. Por ejemplo, entre las muchachas de raza blanca en Estados Unidos, la edad promedio para el primer periodo es doce años y diez meses y medio. Entre las muchachas afroamericanas, es doce años y dos meses. No se han estudiado otros grupos raciales y étnicos en Estados Unidos, pero en todos los grupos, tal vez la edad promedio está entre los doce y trece años.

Pero recuerda que no todas somos promedio. (Probablemente estés harta de que te digamos esto, pero es verdad.) Como los demás cambios de la pubertad, el primer periodo llega a edades muy diferentes. A una muchacha le puede venir la regla por primera vez en cualquier momento entre los nueve y quince años y medio.

Incluso hay chicas perfectamente saludables y normales que comienzan a menstruar antes o después de eso. De todos modos, las muchachas que comienzan a tener periodos antes de los nueve años deben consultar con un médico. De igual manera, las chicas que no han tenido un periodo a los quince años y medio deben ir al médico. Aunque el no haber menstruado a esa edad probablemente no signifique nada, puede ser indicio de un problema médico que requiere tratamiento. O sea que anda al médico y haz que te examine.

Etapas del desarrollo de los senos y tu primer periodo

La etapa de desarrollo de senos en la que te encuentres es una pista mucho mejor que la edad para tener una idea de cuándo puedes esperar tu primer periodo. La mayoría de las muchachas tiene su primer periodo ya sea hacia fines de la etapa 3 o inicios de la etapa 4 de desarrollo de senos. No siempre se cumple esta norma al pie de la letra. Aunque es poco común, es posible que una chica comience a menstruar cuando sólo está en la etapa 2. Además, las muchachas a veces no tienen su primera menstruación hasta la etapa 5. De todos modos, si has estado en la etapa 3 de desarrollo de senos por un tiempo o acabas de iniciar la etapa 4, lo más probable es que tu primer periodo esté a la vuelta de la esquina.

Antecedentes familiares y tu primer periodo

Otra pista: Las hijas a menudo tienen su primer periodo alrededor de la misma edad que su madre tuvo el suyo. Las hermanas menores también tienden a comenzar dentro de uno o dos meses de cuando sus hermanas mayores empezaron. Nuevamente, esto no siempre se cumple al pie de la letra, pero es lo que ocurre en muchos casos. Vale la pena averiguar cuándo les vino la primera regla a tu mamá y cualquier hermana mayor.

En el capítulo 3, te enteraste que, al parecer, las muchachas están pasando a la pubertad antes que en el pasado. Las chicas de hoy desarrollan vello púbico y senos más jóvenes que las muchachas de hace diez o veinte años. ¿Están comenzando a menstruar también a una edad menor?

En general, la respuesta parece ser "no". Entre las muchachas blancas en Estados Unidos, la edad promedio para la primera menstruación es la misma ahora que hace cuarenta años. Entre las afroamericanas, la edad promedio sólo ha cambiado unos cuantos meses, si acaso. (No estamos seguros. Sólo se han hecho buenos estudios sobre muchachas afroamericanas recientemente.)

Si te viene en la escuela

El primer periodo puede llegar en cualquier momento, de día o de noche. Te puede venir en cualquier parte, en casa u otro lugar. No hay forma de saber. "¿Qué voy a hacer si sucede en la escuela?", quieren saber las muchachas en nuestras clases y talleres. Por suerte, generalmente hay muchas expertas (chicas que ya han comenzado a menstruar) con consejos útiles. Ellas comparten sus casos con las otras muchachas. Esto es lo que dijo una muchacha:

> Me vino la regla por primera vez durante la clase de historia. No estaba segura si estaba pasando, pero de cierto modo lo sabía. Entonces, levanté la mano y dije que tenía que ir al baño. Pues sí, mi calzón tenía una mancha de sangre. Felizmente tenía mi bolso con unas cuantas monedas, con las que compré un paño sanitario en la máquina y lo pegué a mi calzón y simplemente regresé a la clase.
>
> —TOÑA, 13 AÑOS

Como dijo esta chica, tuvo suerte. Había un dispensador de paños sanitarios en el baño y ella tenía monedas. (Un paño sanitario o toalla higiénica es una compresa para la menstruación. Éstas se usan en el calzón para absorber el flujo menstrual.) Otra muchacha no tuvo la misma suerte, pero al fin y al cabo las cosas le salieron bien.

> A mí también me vino la regla en la escuela. Inmediatamente adiviné lo que pasaba. Fui al baño para ver. No había toallas higiénicas en la máquina. Simplemente enrollé un poco de papel higiénico y fui a la enfermería. La enfermera fue muy amable y me dio un calzón limpio y una toalla higiénica.
>
> —ROSA, 13 AÑOS

Muchas chicas usaron pañuelos de papel o papel higiénico para cubrirse la ropa interior hasta conseguir una toalla higiénica. Algunas muchachas consiguieron una toalla higiénica de otra mujer en la escuela. A veces fue la enfermera de la escuela o una maestra de gimnasia. Otras veces fue otra maestra o una secretaria en la oficina de la escuela. Si su calzón estaba manchado de sangre, en algunos casos la enfermera u otra persona tenía un repuesto. Otras simplemente pasaron por alto la sangre o enjuagaron su calzón con agua fría. Algunas muchachas llamaron a su mamá, quienes les trajeron ropa interior limpia y toallas higiénicas a la escuela. Una chica contó cómo se preparó para su primer periodo.

> Sabía que ya estaba en edad. Al comienzo del séptimo grado, puse un paño sanitario en mi cartera, en esos estuches especiales que te dan. Simplemente lo guardé allí para estar lista. La escuela a la que iba no tenía una enfermera. Las máquinas siempre estaban averiadas a vacías. No quería tener que ir a la oficina y decir que me había venido la regla. Siempre hay mucha gente allí. Me habría dado muchísima vergüenza.
>
> —SANDRA, 14 AÑOS

La típica historia de terror con la regla es algo así. Una muchacha empapa de sangre su ropa interior y hasta la ropa. Mientras tanto,

---

DECIR QUE YA TE VINO CUANDO NO TE HA VENIDO

A tus amigas y compañeras de clase ya les vino la regla. A todas... ¡excepto a ti! Tus amigas están hablando sobre sus periodos y de buenas a primeras todas te están mirando. Eres el punto de atención. No nos sorprendería si soltaras, "Ya estoy menstruando".

¿Debes sentirte mal por haber dicho una mentira? Nos parece que no. Además, no es el tipo de mentira con la que tendrás que vivir toda la vida. Tarde o temprano, *será verdad*.

Mientras tanto, sigue recordando que eres alguien muy especial. Algún día *realmente* te vendrá la regla. Tu cuerpo está haciendo exactamente lo correcto en tu caso. Lo que es importante es que te sientas bien contigo misma.

ella está en la luna. Está caminando por la escuela (u otro lugar público) sin darse cuenta de la enorme mancha roja en la parte de atrás de la falda, pantalón o *shorts* blancos.

Como notarás, la muchacha casi siempre tiene puesto algo blanco en estos casos. Nunca lleva algo negro o azul o morado. Y siempre el cuento viene de alguien que conocía a alguien que conocía a alguien a la que le pasó. Pero una vez oímos una versión de primera mano.

Llevé un paño sanitario en el bolso por casi un año. Pensaba que era muy lista, pues estaba preparada. Luego comencé a caminar por el pasillo un día y una amiga me dice, "Oye, tienes una mancha de sangre en la falda". Casi me muero. "Párate detrás de mí", le dije. Caminó por el pasillo inmediatamente detrás de mí, para que nadie se diera cuenta. Saqué mi abrigo de mi casillero y fui a la oficina. Le dije a la secretaria que estaba enferma y que tenía que irme a casa.

—CLARA, 13 AÑOS

No tenemos la menor duda de que Clara está diciendo la verdad, pero casos como éste no pasan a menudo. A las muchachas generalmente les da una sensación de humedad antes de que la sangre les manche el calzón y se les pase a la ropa. Además, las chicas, en su mayoría, no sangran suficiente al comienzo como para que se les manche la ropa.

Ponte a pensar. ¿Cuántas veces has visto a una muchacha caminar por allí en público con sangre menstrual en la ropa? Estamos seguras de que no has visto a muchas. Quizá nunca. Simplemente no pasa frecuentemente.

Si estás preocupada de tener tu periodo por primera vez, habla al respecto con tu mamá, hermana mayor u otra mujer en la que confíes. Quizá te pueda hacer sugerencias útiles. Simplemente hablar de lo que te preocupa puede ayudarte mucho.

Las muchachas a menudo quieren saber qué se siente cuando te viene la primera regla. Oirás muchas respuestas diferentes en las citas de muchachas y mujeres en las páginas siguientes. Muchas chicas notan algo húmedo o les da dolor de estómago o cólicos menstruales con su primer periodo. Otras no sienten nada. Descubren que han comenzado a menstruar sólo cuando notan un poco de sangre en su ropa interior o pijama.

Más relatos sobre la primera regla

Estaba hablando con mi abuelita en su casa. Estábamos conversando y jugando una tarde cuando noté que mi calzón se sentía cada vez más mojado. También me dolía un poco el estómago. Después de una hora, me sentí muy mojada y fui al baño a investigar. Tenía una pequeña mancha de sangre en el calzón. La sensación de "mojada" y "el dolor de estómago" eran sólo una advertencia. No tuve cólicos menstruales.

—MARIANA, 30 AÑOS

Pensé que iba a sangrar un montón. Me preocupaba mucho. Pensé que sería como una inundación, que una cantidad enorme de sangre iba a caer sobre el piso. Fue más como una mancha… unas gotitas… No había forma de darse cuenta. Simplemente fui al baño. Fue entonces que vi la mancha.

—TINA, 14 AÑOS

Me vino en la clase del segundo periodo. Justo había ido al baño. Noté manchas rojo oscuro en mi calzón. Regresé a clase y hablé con mi mejor amiga y se las describí. Me dijo que era la regla y nos emocionamos mucho.

—LAURA, 36 AÑOS

Muchas chicas —especialmente las que menstrúan después que sus amigas— sienten alivio cuando finalmente tienen su periodo.

Cuando me vino la regla por primera vez tenía dieciséis años. Estaba en la clase de gimnasia, poniéndome el uniforme de la escuela. Usé un tampón y me quedé en la escuela. Cuando llegué a casa, le dije a mi mamá. Me sentí muy aliviada porque había llegado a pensar que algo andaba mal en mi cuerpo. Era vergonzoso porque a todas mis amigas y mi hermana les había venido mucho antes. Pero en general, me sentía diferente. Pensé: "Ahora soy normal".

—AMALIA, 18 AÑOS

En realidad me inquietaba que no me hubiera venido la regla. Todas mis amigas habían comenzado a menstruar a los doce. Es más, casi no tenía senos. Hacía poco le había preguntado a mi mamá si era posible que en realidad fuera un muchacho. Me aseguró que yo era perfectamente normal. En realidad no le creí... Y luego, ¡por fin, por fin, me vino la regla!

—YOLANDA, 36 AÑOS

Todavía no había tenido mi primer periodo y estaba preocupada. Incluso hice que mi mamá me llevara al médico. La semana siguiente, me vino la regla. Estaba realmente aliviada, pero de cierta manera, hubiera preferido no haber perdido el tiempo yendo al médico.

—SOLEDAD, 35 AÑOS

Me vino la regla... Me puse muy contenta porque por fin sentía que era una mujer. A todas mis amigas ya les había venido. A mi hermana también le había venido de menor. Cuando finalmente me vino le dije a mi mamá... que antes sentía —antes de que me viniera la regla— que me pasaba algo malo. Mis amigas habían comenzado a menstruar a los doce o trece años. Sentía que me faltaba algo. Hablé con mi mamá al respecto. Me dijo, "A todas nos viene a diferentes edades". Me apoyó mucho.

—EVA, 26 AÑOS

Algunas muchachas al comienzo tienen temor. Muchas se sintieron avergonzadas cuando tuvieron su primer periodo o se preocuparon de que otras personas se dieran cuenta.

Tenía doce años. Estaba durmiendo y me desperté, pues tenía que ir al baño. Estaba goteando un poco en el camino. Fue una experiencia espantosa. Mi mamá me había hablado al respecto, pero yo no puse interés. Para cuando sucedió, me había olvidado de todo. No dije nada. Esa noche, lavé mis sábanas. Tuve que lavar la alfombra. Estaba desconsolada. Creo que pasaron dos días antes de que le dijera a mi mamá.

Hasta ese momento, me sentía avergonzada porque pensaba que era demasiado chica para que me viniera la regla. Pero mi mamá estaba muy emocionada, le dijo a mi papá de inmediato y luego le contó al resto de la familia durante la cena.

—MARINA, 16 AÑOS

Me vino la regla cuando tenía diez años. Estaba en clase de natación. Sabía lo que me estaba pasando, pero fue vergonzoso. Mi mamá le dijo a la abuela cuando llegamos a casa, y sentí mucha vergüenza... acerca de todo el incidente. Estaba en shock, sorprendida y sentí que estaba madurando.

—ANA, 15 AÑOS

Nací el 20 de junio de 1937. Comencé a menstruar el 5 de mayo de 1949... Recuerdo la fecha porque Liz Taylor se casó ese día con Nicky Hilton, su primer esposo. Por esa época, me encantaba leer revistas de cine.

Estaba pasando el fin de semana en la casa de mi amiga Dora en las residencias de oficiales en la base naval. Fuimos a nadar en la piscina de la base y allí me vino. De alguna manera logré ir al vestidor, pero aún recuerdo haber mirado a mi alrededor y ver a todos los marineros y preguntarme si se habían dado cuenta. Todavía recuerdo lo penoso que fue.

Cuando llegué a casa, mi madre me enseñó cómo usar un Kotex [toalla higiénica]. Me sorprendió. Los había visto en su baño. Incluso había usado uno alguna vez como venda, pero fue la primera vez que me mencionaba la palabra "menstruación". Después me subí a mi bicicleta y fui a casa de mi amiga Pamela para contarle la gran noticia.

—FRANCISCA, 70 AÑOS

Las emociones vinculadas al inicio de la menstruación son tan variadas como el número de muchachas y mujeres que entrevistamos. Muchas dijeron que estaban "espantadas". A otras les fue indiferente o por lo menos no estaban en "shock".

Tenía catorce años y estaba en la escuela. Sentí algo mojado, fui al baño y me aterré. "Ah, ¡es eso!" Totalmente avergonzada, sentí pánico y traté de buscar a mi hermana, la única persona en el planeta con la que quería estar. Agarré un poco de papel higiénico y lo envolví. Luego regresé a la sala y actué como si nada pasara. Cuando sonó la campana, encontré a mi hermana y no recuerdo más, pero todo salió bien.

—AMANDA, 50 AÑOS

Tenía doce años. Me vino en el colegio. Cuando fui al baño, se me ocurrió que me había venido porque a muchas de mis amigas les había venido. Fui al baño y, de hecho, tenía el calzón manchado de sangre. Envolví todo con papel higiénico. Faltaba como una hora para que se acabaran las clases. O sea que decidí que lo mejor era quedarme allí e ir a casa en el autobús como acostumbraba. Cuando llegué a casa, llamé a mi mamá al trabajo para contarle. Le dije que tenía que traerme Kotex [toallas higiénicas] a la casa. No le di mayor importancia.

—LEONOR, 15 AÑOS

Comencé a menstruar cuando tenía once años… No estaba lista. No tenía toallas higiénicas ni tampones ni nada. Fue el verano entre sexto y séptimo grado. Estaba en casa. Fui donde mi mamá después. Mi mamá no dijo mucho, simplemente: "Tenemos que salir y comprar toallas higiénicas". Sentí que estaba creciendo. Me estaba haciendo mujer. No me chocó mucho.

—TOÑA, 16 AÑOS

No me sentí abochornada ni avergonzada sobre mi cuerpo. En general, fue una experiencia positiva. Aunque fue un poco difícil: tuve cólicos menstruales fuertes y mucho sangrado. Después me di cuenta de que no había sido tan malo, por lo que me pregunté por qué había estado tan ansiosa al respecto.

—VERÓNICA, 36 AÑOS

Los relatos sobre "la primera regla" que hemos oído, en su mayoría, fueron positivos. Los únicos casos negativos que oímos fueron de muchachas que no habían sido debidamente preparadas por su madre para su primer periodo.

Tenía once años cuando tuve mi primer periodo. Fui al baño y me di cuenta de que me estaba saliendo sangre. Me volví loca. Pensé que me estaba muriendo. Sentí pánico y comencé a gritar. Salí corriendo del baño a la sala, y todos se rieron de mí. Nadie me había dicho nada al respecto, y todos se burlaron de mi reacción. Me sentí aterrada y tonta.

—JULIANA, 46 AÑOS

Tenía once años y medio. Estaba en casa y me dolía el estómago. Sentía como que tenía que ir al baño o retortijones como de diarrea. Fui al baño. Cuando me senté en el inodoro, me di cuenta de que me estaba saliendo algo de color rojo parduzco. En el sexto grado nos habían pasado películas sobre la menstruación. Por eso supe lo que era. Mi mamá no me había hablado sobre el tema. Fui criada en un hogar cristiano muy estricto. Salí corriendo del baño muy emocionada para decirle a mamá, ¡Ya soy mujer!"

Cuando le dije de lo más contenta lo que había pasado, frunció el ceño y me dijo dónde estaban las toallas higiénicas en el baño. Parecía que prefería que no me hubiese venido. En una semana, mis padres me llevaron al médico y le pidieron que me diera pastillas anticonceptivas. (Aún era virgen.) Esto me avergonzó y me sentí humillada de que me hubiera venido la regla. Llamé a mi mejor amiga. Cuando le conté, se alegró mucho y me felicitó, y su mamá también. Para entonces me sentía muy confundida y no sabía cómo actuar, por lo que me mantuve callada y no le dije a nadie más.

—CRISTINA, 30 AÑOS

El caso de Cristina fue el único que oímos en el que la madre no estaba tan contenta y emocionada como su hija sobre la gran noticia. De hecho, a veces los padres parecen estar más emocionados que las propias muchachas. En general, las madres e hijas con las que hablamos estaban felices y emocionadas sobre la llegada de la regla.

Me emocioné mucho cuando pasó. Pensé: "Bueno, ¡ahora quizá me salgan unos senos inmensos!".

—GABRIELA, 12 AÑOS

Por fin comencé a menstruar cuando tenía dieciséis años. Estaba en la casa de Jimena e Isabela, unas mellizas que eran mis mejores amigas, además de las dos Cecilias y Jazmín. Ése era nuestro grupo. Hacíamos todo juntas. Fui al baño y, ¡madre mía!, había sangre… Les conté a todas las chicas. Todas me felicitaron. Estaban tan emocionadas como yo.

—ESTHER, 25 AÑOS

Cómo decirles a tus padres

Que te venga la regla es una cosa. Contarles a tus padres es otra. Por lo menos, lo es para algunas muchachas. Esto es lo que dijeron tres lectoras que nos escribieron:

Mi mamá nunca me ha hablado sobre periodos ni nada. Me da miedo contarle cuando me venga la regla.

¡Ayúdenme! Me ha vuelto a venir la regla (hasta ahora tres veces). Todavía no le he dicho a nadie, ni a mi mamá, que he comenzado a menstruar.

Mi mamá murió cuando yo era pequeña. Me da vergüenza decirle a mi papá. No sé qué voy a hacer cuando me venga el periodo.

¿Te suena conocido? Si es así, esperamos que los consejos a continuación te ayuden a darles la gran noticia.

Si ya has tenido tu primer periodo, ¿qué tal una estrategia directa? Simplemente di, "¿Adivina qué? ¡Me vino la regla!"

Si eso es demasiado directo, ¿qué te parece esto? Compra una tarjeta de "felicitación" en la tienda. Escoge una que no diga exactamente el motivo de las felicitación. Luego escribe algo como, "Felicitaciones, ahora son padres de una hija que está menstruando".

Si es más fácil decirle a tu mamá que a tu papá, es comprensible. A muchas chicas les pasa lo mismo. Pero no todas las chicas viven con su madre. Si vives con tu papá, le puedes pedir a una parienta o amiga cercana de la familia que te ayude a contarle a tu papá. Pero no dejes de hablar con tu papá simplemente porque es varón. Los hombres también saben sobre estas cosas. La primera vez que un padre soltero y su hija se inscribieron para nuestro taller sobre la pubertad, a algunas de las madres les preocupó su presencia, pero él fue el éxito del taller. Después de eso, más y más padres comenzaron a venir a los talleres y siempre es un gusto tenerlos allí.

Si todavía no te ha venido la regla y crees que tus padres posiblemente se sientan incómodos de hablar al respecto, tienes tiempo para prepararlos para el gran acontecimiento. De esa manera, será mucho

¿ESTÁ BIEN...?

Hay muchos rumores sobre lo que debes y no debes hacer durante tu periodo. Las muchachas nos preguntan si pueden bañarse o ducharse, lavarse el cabello, montar caballo, tener relaciones, tomar bebidas frías, y así sucesivamente. La respuesta a todas estas preguntas es "sí". Si lo puedes hacer cuando no estás menstruando, lo puedes hacer durante tu periodo.

No creas todas las tonterías que oigas. Ni la comida fría ni bebidas frías, ni mucho ejercicio causan mayor sangrado, periodos más largos ni cólicos menstruales. ¡Y definitivamente debes ducharte y bañarte durante tu periodo! Una ducha o un baño diario son imprescindibles, porque la sangre puede comenzar a oler mal después de un tiempo.

Puedes hacer todo lo que puedes hacer en cualquier otro momento del mes. Por supuesto que si vas a nadar, debes usar un tampón, no una toalla higiénica. (Ver páginas 176–185.)

más fácil contarles cuando te venga. Puedes romper el hielo al mencionar el tema de manera casual. Puedes preguntarle a tu mamá qué edad tenía cuando le llegó su primer periodo, cómo le dijo a su mamá o cómo se sintió al respecto. Podrías preguntarles a tu mamá y papá si tuvieron clases de educación sexual en la escuela o si creen que a las muchachas les está viniendo la regla antes que en épocas pasadas.

Otra manera de hacer que comiencen a hablar del tema es pedirles ayuda para crear un rito de la pubertad. Los ritos de la pubertad son ceremonias para conmemorar el primer periodo menstrual de una muchacha. Existen en culturas de todo el mundo y son parte de la historia de la humanidad. Algunos ritos surgieron de creencias primitivas y llenas de temor sobre la menstruación, y eran terribles, pero otros eran verdaderas celebraciones. Por ejemplo, en partes de India, el rito comenzaba con una gran fiesta. Concluía con la muchacha sentada en un trono, mientras sus amigos, vecinos y familiares ¡les ponían regalos a los pies!

Es poco probable que puedas convencer a tus padres sobre la costumbre del trono y los regalos a los pies, pero ¿por qué no inventar tu propio rito moderno de la pubertad? Quizá quieras inventar una ceremonia especial a la luz de la luna, invitar a tus amigas a pasar la noche o recibir una sortija o regalo especial que puedas pasarle a la siguiente generación. Puede ser cualquier cosa. Un padre que conocemos le prometió a su hija llevarla de viaje donde ella quisiera. Cuando llegó el gran día, ¡se fueron a Las Vegas! Tengas el plan que tengas, el simple hecho de que hayas hecho planes hará que sea más fácil contarles a tus padres cuando te venga la regla.

PROTECCIÓN MENSTRUAL

En el trascurso de los años, las mujeres han usado de todo, desde pasto hasta esponjas marinas y toallas dobladas para contener el flujo menstrual. Hoy en día, tenemos muchas opciones.

Hay muchos productos diferentes en el mercado. Se llaman productos de protección menstrual. (Suena como si la regla te fuera a atacar, ¿verdad?) Estos productos no te protegen de la menstruación, como el nombre implica. Protegen la ropa de las manchas de la menstruación. Es un término tonto, pero por lo menos es mejor que productos de higiene femenina, como también se conoce a este grupo de productos.

La mayoría de las mujeres en este país usa toallas higiénicas, tampones o ambos durante su periodo. El material suave en estos productos absorbe el flujo menstrual. La diferencia está en cómo se usan. Los tampones se insertan en la vagina. Las toallas higiénicas se ponen en el exterior del cuerpo. Hay más de 150 estilos y marcas diferentes de toallas higiénicas y tampones. También hay productos totalmente nuevos en el mercado. Con tantas opciones, es difícil decidir cuál producto usar.

En las páginas siguientes te diremos qué hay a la venta. Te daremos todos los detalles sobre el uso de estos productos. Si tienes acceso al Internet, puedes visitar la página web de las diferentes compañías que fabrican estos productos. (Encontrarás una lista de páginas web en la sección de Recursos.) Quizá también quieras preguntarle a tu mamá u otra mujer de confianza qué usa y por qué para que te dé consejos útiles.

Uso seguro de tampones y el síndrome de shock tóxico

El síndrome de shock tóxico, o SST, es una enfermedad poco común pero muy grave. Puede afectar a personas de cualquier edad y sexo. Los casos de shock tóxico, en su mayoría, han sido relacionados al uso de tampones. No es que los tampones tengan gérmenes. El síndrome lo causan bacterias comunes que viven en la superficie de la piel y la vagina. Normalmente, estas bacterias no causan ningún problema, pero en un número reducido de mujeres, estas bacterias han causado el síndrome. El SST (o TSS, por sus siglas en inglés) puede causar serios efectos secundarios y, en casos poco frecuentes, la muerte.

El SST generalmente comienza con una fiebre repentina, vór-
tos y diarrea. A veces lo acompañan dolores musculares, de cabeza o
garganta. En un lapso de cuarenta y ocho horas la persona puede
debilitarse mucho y sentirse aturdida. Puede surgirle una erupción
rojiza que termina por pelarse como una quemadura de sol. Cuando
el síndrome está relacionado con el uso de tampones, los síntomas
pueden presentarse durante el periodo o a los pocos días de éste.

Hay maneras de reducir el riesgo del SST. Usa el tipo menos
absorbente de tampones y cámbiatelo cada cuatro a ocho horas.
Ponerse un tampón durante demasiado tiempo permite que las bacterias se multipliquen, porque la sangre es terreno fértil para las bacterias. Las mujeres que usan el tipo súper absorbente de tampones generalmente se cambian de tampón con menos frecuencia. Esto las hace
más susceptibles a infecciones. (Para mayor información, lee "Cómo
escoger el nivel adecuado de absorbencia" en la páginas 179–180.)

Preguntas sobre las dioxinas

Recientemente han surgido nuevas interrogantes sobre los productos
femeninos. Algunas personas están preocupadas sobre la posible presencia de unas sustancias químicas llamadas dioxinas en los tampones
y, en menor medida, las toallas higiénicas. Las dioxinas son sustancias
muy tóxicas. Los médicos piensan que pueden causar cáncer. En cantidades pequeñas, pueden ingresar al cuerpo de varias maneras diferentes. Debido a que el cuerpo tarda mucho en procesarlas, la exposi-
ción repetida a dioxinas hace que se acumulen en el cuerpo. En
consecuencia, cualquier efecto dañino de dioxinas puede tardar un
tiempo en manifestarse.

Hace varios años, la Dirección de Alimentos y Medicamentos
(Food and Drug Administration o FDA, por sus siglas en inglés) les
pidió a los fabricantes de tampones que sometieran sus productos a
pruebas de dioxinas. Los resultados produjeron niveles muy bajos o

indetectables de dioxinas. Muchas personas, incluida la FDA, creen que este nivel tan bajo de dioxinas no representa un peligro de salud. Sin embargo, nadie sabe exactamente qué nivel de dioxinas es dañino para las personas. Por lo tanto, la controversia continúa, y algunos expertos creen que incluso el bajo nivel de dioxinas que se encuentra en los tampones puede representar un riesgo para la salud.

Al momento de las pruebas solicitadas por la FDA, generalmente se blanqueaban las fibras de rayón y algodón usadas en los tampones y las toallas higiénicas usando cloro. Este blanqueo con cloro era una fuente de dioxinas. Ahora, sin embargo, como parte de los esfuerzos por eliminar todas las dioxinas del ambiente, ningún fabricante de tampones en Estados Unidos usa rayón ni algodón que haya sido blanqueado con cloro. Por lo tanto, según la FDA, los tampones ahora no están contaminados con dioxinas.

Toallas higiénicas

Las toallas higiénicas están hechas de capas de material suave y absorbente. La mayoría tiene una parte central súper absorbente para ayudar a evitar que la sangre empape tanto la toalla higiénica que se pase a la ropa. Los paños se pegan al calzón. El tipo más popular se fija en su lugar con tiras adhesivas en la cara inferior de la toalla higiénica. Simplemente pelas la tira de papel lustroso y presionas la toalla higiénica, con la parte pegajosa hacia abajo, al calzón. (Ver figura 38.) Algunas toallas higiénicas también tienen "alas" que ayudan a evitar que se filtre la sangre y sujetan los paños más firmemente en su lugar. (Ver figura 39.) Las alas se doblan y pegan a la parte exterior del calzón con adhesivo o Velcro.

También hay toallas higiénicas al estilo antiguo. Este tipo se sujeta a la ropa interior con imperdibles o a un cinturón para paños sanitarios. La mayoría de las tiendas ya no vende este tipo de toalla higiénica, y los cinturones son incluso más difíciles de encontrar.

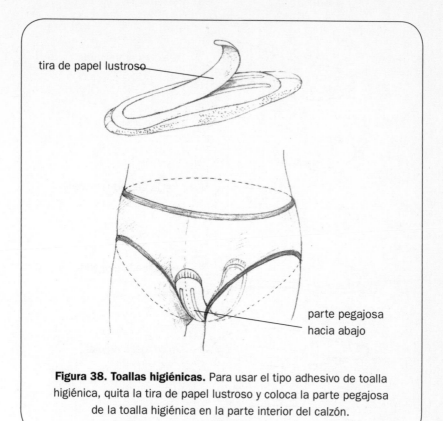

tira de papel lustroso

parte pegajosa
hacia abajo

Figura 38. Toallas higiénicas. Para usar el tipo adhesivo de toalla higiénica, quita la tira de papel lustroso y coloca la parte pegajosa de la toalla higiénica en la parte interior del calzón.

Guía para las compradoras de toallas higiénicas

Maxi toallas, toallas delgadas, maxi toallas ultra delgadas, súper maxi toallas delgadas, largas maxi toallas ultra delgadas con alas… ¿Confundida por los nombres de estos productos? Si es así, no eres la única. Pero no te preocupes; te ayudaremos para que te quede claro. En resumidas cuentas, se trata de cuatro características básicas.

• FORMA: Algunas toallas higiénicas son planas con lados rectos. Otras tienen la forma de un reloj de arena. Algunas se encorvan en vez de ser planas. También hay toallas higiénicas con solapas laterales, llamadas "alas", o "plus". Las alas se envuelven alrededor de los lados del calzón y se pegan a la parte inferior. ¿Cuál es

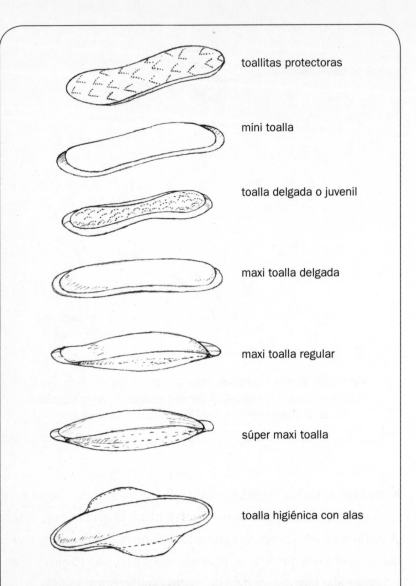

toallitas protectoras

mini toalla

toalla delgada o juvenil

maxi toalla delgada

maxi toalla regular

súper maxi toalla

toalla higiénica con alas

Figura 39. Tipos de toallas higiénicas. En esta figura se muestran algunas de la gran variedad de toallas higiénicas. Las toallitas protectoras son las más delgadas y menos absorbentes. Las mini toallas higiénicas son un poco más gruesas que las toallitas protectoras. Las súper maxi son las más gruesas y más absorbentes de todas. Las toallas higiénicas delgadas o juveniles están diseñadas especialmente para adolescentes. Son más cortas y delgadas que las maxi. Las toallas higiénicas con "alas" se envuelven alrededor del centro del calzón.

mejor? Realmente es cuestión de preferencias personales.

- ANCHO: Algunas compañías fabrican toallas higiénicas "delgadas", "angostas" o "juveniles" (*"slim"*, *"slender"* o *"junior"* en inglés) para mujeres de cuerpo pequeño y jovencitas. No son tan anchas como las demás toallas higiénicas. Si tu paño se apretuja o dobla hasta perder la forma, prueba estas toallas higiénicas delgadas.

- LONGITUD: Las toallas higiénicas pueden subirse o bajarse hasta terminar demasiado adelante o atrás. El resultado: Terminas con sangre en la ropa interior en vez de la toalla higiénica. ¿Te pasa? Si es así, busca las palabras "larga", "más larga" o "extra larga" (*"long"*, *"longer"* o *"extra length"*) en el paquete.

- GROSOR: La mayoría de las marcas viene en tres grosores: regular, delgado y ultra delgado. Además, algunas compañías producen paños muy gruesos para la noche y toallitas protectoras o, en inglés, *panty liners*, que son las toallas higiénicas más delgadas. Las toallitas protectoras no son muy absorbentes. Es posible que no cumplan con su cometido incluso los días en que sangras poco. Pero a algunas muchachas les gusta usarlas con un tampón como refuerzo en caso de goteos.

Las toallas higiénicas regulares, delgadas e incluso las ultra delgadas pueden absorber bastante líquido. Pero en general, las ultra delgadas lo absorben más lentamente que las otras toallas higiénicas. Esto puede ser un problema si te baja mucha sangre repentinamente, lo que puede suceder cuando toses, estornudas, te pones en movimiento después de estar sentada por un tiempo y también en otras ocasiones.

El uso de toallas higiénicas

Al comienzo, quizá te sientas un poco rara cuando te pongas una toalla higiénica. Quizá sientas que tienes metida una toalla de playa enrollada en el calzón. Estás segura de que todos se están dando cuenta. Pero en realidad, no se nota. Mírate en el espejo. Verás que las toallas higiénicas realmente no son visibles.

Las toallas higiénicas son fáciles de usar. (Si puedes caminar y mascar chicle a la vez, no hay duda de que puedes lidiar con una toalla higiénica.) Sólo hay un par de cosas que debes recordar.

- CÁMBIATE DE TOALLA HIGIÉNICA CON FRECUENCIA: Incluso si el flujo es ligero, cámbiate de toalla higiénica cada cuatro a seis horas durante el día para minimizar el olor. La sangre menstrual en sí es perfectamente limpia y carece de olor, pero una vez que entra en contacto con el aire, comienzan a crecer gérmenes, que pueden causar un olor poco agradable. Cámbiate de paño a menudo, y no habrá oportunidad de que se produzca mal olor. Puedes ponerte toallas higiénicas durante la noche. Recomendamos que por la noche, uses toallas higiénicas en vez de tampones.

- NO ARROJES LAS TOALLAS HIGIÉNICAS AL INODORO: Las toallas higiénicas pueden atorar las cañerías. Incluso si las toallas higiénicas son biodegradables o desechables en el inodoro, pueden taponar la plomería.

- ENVUELVE LAS TOALLAS HIGIÉNICAS USADAS ANTES DE ARROJARLAS A LA BASURA: No, no con cintas y lazo. Dobla los paños por la mitad y envuélvelas con papel higiénico o toallas de papel. Luego arrójalas al tacho. Envolver las toallas higiénicas minimiza el olor.

Toallas higiénicas reusables, 100% de algodón

"Toallas higiénicas reusables… ¡qué asco!" es una reacción bastante típica. Pero Glad Rags, uno de los fabricantes de estas toallas higiénicas de tela, responde de la siguiente manera en un folleto sobre la empresa: Simplemente imagínate todos los tampones y toallas higiénicas que vas a usar en la vida en basurales o arrastrados por la corriente a una playa. ¡Eso sí que es un asco!

Todos los años, las mujeres en Estados Unidos usan más de 12.000 millones de toallas higiénicas menstruales. Si se pusieran una al lado de la otra, con los extremos tocándose, estas toallas higiénicas cubrirían 1,6 millones de millas. Eso es suficiente para ¡tres viajes de ida y vuelta a la luna! Otros 7.000 millones de tampones van a parar a los basurales, desagües y vías navegables todos los años. Además de crear un enorme problema de eliminación de desperdicios, las toallas higiénicas y tampones descartables hacen uso de recursos naturales. La fabricación de estos productos también contamina el medio ambiente. Los materiales utilizados en la mayoría de los paños menstruales en Estados Unidos liberan dioxinas y otras sustancias contaminantes al medio ambiente.

Un grupo reducido pero cada vez más numeroso de mujeres está usando toallas higiénicas de tela. Consideran que es una cuestión de responsabilidad para con el medio ambiente. También afirman que las toallas higiénicas de tela son opciones más saludables para las mujeres. Algunas de las empresas que venden estas toallas higiénicas las producen con algodón orgánico.

Las toallas higiénicas usadas se remojan en agua fría y luego se lavan a máquina. La mayoría de las compañías que producen estas toallas higiénicas también venden recipientes herméticos e impermeables para las toallas higiénicas usadas. Cuando estás en la escuela o lejos de casa, pones el paño usado en este recipiente. Cuando llegas a casa, simplemente las pones a remojar en un balde hasta que estés lista para lavarlas.

Las toallas higiénicas reusables vienen en una variedad de estilos y grosores. También están disponibles en muchas tiendas de alimentos saludables y cooperativas. También puedes encontrar una lista de compañías que producen estas toallas higiénicas en la sección de Recursos al final de este libro. La lista incluye el número de teléfono, correo electrónico y la dirección regular o de Internet de las compañías, o sea que puedes comunicarte con ellas para preguntar sobre precios y obtener información sobre pedidos.

Tampones

Los tampones son cilindros de algodón u otro material absorbente que ha sido comprimido y que se inserta en la vagina para que absorba el flujo menstrual. Al final del tampón hay un hilo que cuelga fuera de la apertura vaginal. Retiras el tampón jalando este hilo con cuidado.

Respuestas a preguntas frecuentes

A continuación están las respuestas a las diez preguntas más frecuentes sobre tampones:

1. *Sí, una virgen puede usar tampones.* (Una virgen es una persona que no ha participado del coito.) El tampón se inserta por la apertura del himen que permite que el flujo menstrual salga de la vagina. Usar tampones estira el himen gradualmente. Las muchachas que usan tampones generalmente tienen aperturas más grandes en el himen que las muchachas que sólo usan toallas higiénicas, pero el tampón no tiene efecto alguno en la virginidad. Tampoco lo tiene la condición del himen (ver páginas 80–81). Sigues siendo virgen hasta que tengas relaciones sexuales.

2. *Sí, una chica puede usar tampones desde el principio.* Hoy en día, muchas chicas usan tampones a partir de su primer periodo. Encontrarás consejos para quienes los usan por primera vez en las páginas 181–183.

3. *No, no es posible empujarte el tampón demasiado lejos y no puede adentrarse ni perderse en el cuerpo.* En primer lugar, la vagina sólo tiene dos aperturas. Una es la apertura externa (donde insertas el tampón). La otra es la apertura interna, en la parte superior de la vagina, que va al útero. La apertura interna es del tamaño de la cabeza de un fósforo, por lo que no hay manera de que un tampón entre al útero. A veces, sin embargo, el hilo en la parte inferior del tampón se sube y deja de colgar fuera de la vagina. Por suerte, este problema es fácil de resolver. (Ver páginas 183–185.)

También es posible que insertes accidentalmente un segundo tampón antes de extraer el previo. Esto hace que el primer tampón se pegue de forma atravesada en la parte superior de la vagina. Es posible que al comienzo ni siquiera sientas el tampón atravesado. Pero tan pronto como descubras que está allí, debes extraerlo. Por lo general, esto no es muy difícil. (Ver página 185.)

4. *No, no puedes sentir un tampón si ha sido insertado correctamente.* Una vez que el tampón está en su lugar, ni siquiera sabrás que está allí. Si lo puedes sentir, no está suficientemente adentro. Simplemente empújalo más con el dedo o sácatelo y ponte otro.

5. *Un tampón no se puede caer.* Una vez insertado el tampón, las paredes de la vagina se amoldan a su alrededor. Los firmes músculos cerca de la apertura vaginal evitan que el tampón se caiga.

6. *Sí, un tampón puede dejar pasar sangre, incluso si lo tienes puesto debidamente y te cambias de tampón a menudo.* La sangre menstrual puede colarse por los dobleces de las paredes vaginales y de la apertura vaginal, pasando por alto el

tampón totalmente. Si te sucede esto, quizá quieras ponerte una toallita protectora como protección adicional.

7. *No, no es necesario que te quites el tampón cuando vas al baño.* Tienes tres orificios distintos allá abajo: la apertura urinaria, vaginal y anal. Un tampón en la vagina no interfiere ni con orinar ni con defecar. Puedes sostener la pita del tampón a un lado cuando orines. Si se moja, la puedes secar con un pañuelo de papel o papel higiénico.

8. *No, no se debe usar un tampón para absorber el flujo vaginal.* El flujo vaginal ayuda a mantener limpia la vagina. También ayuda a prevenir infecciones. No es bueno resecar la vagina absorbiendo todas las secreciones con un tampón.

9. *No, no tienes que preocuparte de insertar el tampón en la apertura equivocada.* Simplemente no es posible insertar un tampón en la apertura urinaria. Es demasiado pequeña. Y aunque es físicamente posible insertarse un tampón en el ano, es muy poco probable que lo hagas accidentalmente. Para comenzar, tan pronto insertes la punta, te darías cuenta de que es el lugar equivocado debido a la sensación.

10. *Sí, las usuarias de tampones todavía corren peligro de tener la poco común pero grave enfermedad conocida como síndrome de shock tóxico.* Sin embargo, en la actualidad, el riesgo es muy pequeño. En 1997, sólo se reportaron cinco casos del síndrome relacionados con la menstruación, en comparación con un récord de 814 casos reportados en 1980. Esta drástica reducción se debe en gran parte a las mujeres que se cercioran de usar tampones correctamente. Asegúrate de leer sobre el síndrome de shock tóxico o SST (páginas 168–169) antes de comenzar a usar tampones.

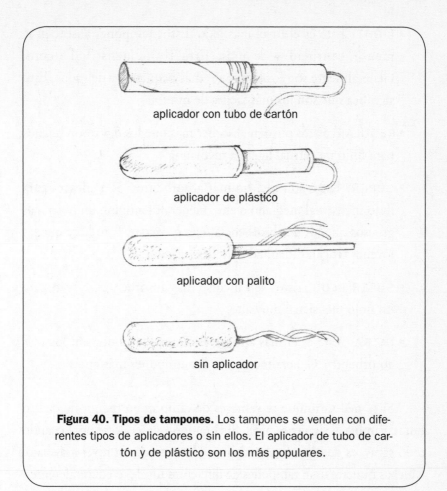

aplicador con tubo de cartón

aplicador de plástico

aplicador con palito

sin aplicador

Figura 40. Tipos de tampones. Los tampones se venden con diferentes tipos de aplicadores o sin ellos. El aplicador de tubo de cartón y de plástico son los más populares.

Cómo escoger el nivel de absorbencia que necesitas

Para reducir el peligro del SST, escoge un tampón con el más bajo nivel de *absorbencia posible y que, a la vez, pueda controlar* tu flujo. La mayoría de las marcas tiene tres o cuatro niveles de absorbencia. Mientras más absorba un tampón, mayor el nivel. Los tampones con niveles más altos generalmente son más gruesos que los que tienen niveles más bajos. Los tampones hechos para adolescentes generalmente son más delgados. Todos los tampones en Estados Unidos usan los niveles de absorbencia enumerados abajo. El nivel se imprime en la parte exterior del paquete de tampones.

- LIGHT: Éste es el nivel más bajo. Estos tampones absorben la menor cantidad y se usan para flujo menstrual ligero. Generalmente son los tampones más pequeños y delgados. Esto significa que son los más fáciles de insertar.

- REGULAR: Éstos pueden absorber más que los *light*. Son buenos para flujo menstrual ligero a mediano.

- SÚPER: Éstos son incluso más absorbentes. Son eficaces para flujo menstrual mediano o alto. Generalmente son un poco más gruesos que los de absorbencia *light* o *regular*. Esto hace que las jóvenes tengan dificultad para insertárselos.

- SÚPER PLUS: Éstos son incluso más absorbentes. Sirven para un flujo menstrual muy alto.

- ULTRA: Éste es el más alto nivel. Estos tampones son los más absorbentes. Generalmente son los tampones más gruesos.

Si es necesario que te cambies de tampón en menos de cuatro horas, cambia al siguiente nivel. Si el tampón se seca o se pega cuando te lo sacas, es demasiado absorbente. Usa uno de un nivel más bajo. Muchas mujeres usan tampones de diferentes niveles en días diferentes, según cuánta sangre les esté bajando. Pero algunas muchachas no pueden insertarse los tampones más grandes y absorbentes fácilmente.

Aplicadores de tampones

Además del nivel de absorbencia, la principal diferencia entre los diferentes tampones está en el tipo de aplicador usado para su inserción.

Algunos tampones no tienen aplicadores. Usas la punta del dedo para empujar suavemente el tampón y colocarlo en su lugar. Otros tampones vienen con un palito aplicador. Tú guías el tampón a su lugar con el palito. Luego retiras el palito y lo descartas.

El tipo más común de tampón viene dentro de un aplicador. Este tipo de aplicador tiene dos partes: un tubo de cartón o plástico que

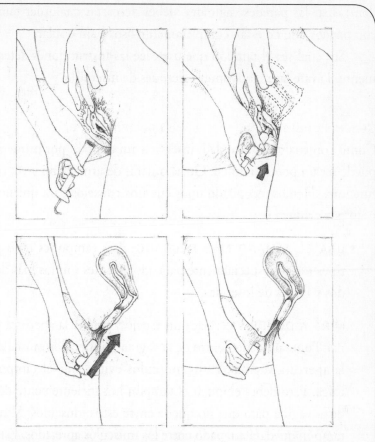

Figura 41. La inserción de un tampón. Los tampones son cilindros pequeños de algodón u otro material absorbente que ha sido comprimido y absorbe el flujo menstrual. Pueden insertarse en la vagina con un tubo de cartón o aplicador de plástico.

contiene el tampón y uno más pequeño que cabe dentro del primero, detrás del tampón. Para insertar el tampón, primero insertas la punta del tubo más grande en la apertura vaginal. Luego empujas el tubo más pequeño dentro del más grande, que a su vez empuja el tampón fuera del aplicador para que ingrese a la vagina. (Ver figura 41.)

Algunos aplicadores tienen puntas que no están tapadas. Otros están cubiertos con pequeños pétalos de plástico, que a veces pueden doblarse cuando están en el paquete. Ya que los pétalos doblados pueden raspar las paredes vaginales, debes descartar cualquier tampón con pétalos que no están completamente lisos y sin doblar.

Sea cual sea el tampón que uses, lee las instrucciones detenidamente. Lávate las manos antes y después de insertarlo.

Consejos para quienes los usan por primera vez

Como con cualquier novedad, insertarse un tampón por primera vez puede ser un poquito difícil. Quizá quieras desarmar uno y ver cómo funciona. Hemos recopilado unos cuantos consejos para quienes los usan por primera vez.

- USA EL TAMAÑO MÁS DELGADO: Los tampones *light* y los tipos hechos especialmente para adolescentes son los más delgados y fáciles de insertar.

- MIRA A DÓNDE VAS: Saca un espejo y mírate la apertura vaginal. Ponte un dedo dentro de la vagina y aprieta los músculos en la apertura vaginal. Estos músculos evitan que el tampón se caiga. Pero debes empujar el tampón lo suficientemente dentro de la vagina para que no quede entre estos músculos. Si no, el tampón quedará atrapado entre los músculos apretados. Esto no causa lesiones, pero puede ser muy incómodo

- APUNTA EN EL SENTIDO CORRECTO: Échale un vistazo a la figura 41. Como puedes ver, la vagina no es perfectamente vertical. No surte efecto apuntar el tampón directamente hacia arriba. En vez, apúntalo hacia la parte inferior de la espalda.

- USA UN LUBRICANTE: Si tienes la vagina seca, usa un poco de K-Y Jelly. (K-Y Jelly se puede lavar fácilmente con agua y jabón. Se vende en la mayoría de las farmacias. No necesitas una receta médica para comprarlo.) Un poco de lubricante en la punta del tampón ayuda mucho. Pero no uses vaselina ni cremas.

• RELÁJATE: Si estás tensa, los músculos de la vagina se contraen. Esto dificulta que entre el tampón. Respira hondo varias veces y lentamente, relajándote al exhalar. Al exhalar e inhalar, dite a ti misma, "No se necesita ser genio. Puedes hacerlo". Cientos de millones de otras mujeres pueden hacerlo, y tú también. Simplemente es cuestión de acostumbrarse.

Si sientes dolor o te sientes mareada, detente. Si el tampón no entra, no lo fuerces. La apertura en el himen generalmente es suficientemente grande para un tampón, pero no siempre. (Como quizá recuerdes, el himen es el tejido delgado que cubre parcialmente la apertura vaginal.)

Si la apertura del himen es demasiado angosta para permitir que te insertes un tampón, puedes estirarla tú misma. Esto se debe hacer suave y lentamente, durante varios días o semanas. Al igual que con la inserción del tampón, detente si te comienza a doler. He aquí cómo hacerlo: primero, ponte un poco de K-Y Jelly en el dedo. (No uses vaselina ni cualquier crema que contenga perfumes o aditivos químicos.) Inserta un dedo en la apertura vaginal lo más lejos posible, siempre que no sientas incomodidad. Luego aplica presión hacia abajo, hacia el ano. Mantén la presión unos cuantos minutos y luego deja de apretar. Puedes repetirlo varias veces durante cada sesión. La vez siguiente, aumenta la presión. Lentamente anda aumentando hasta insertar dos dedos. Una vez que lo puedas hacer, también presiona los lados de la entrada a la vagina. Continúa las sesiones hasta que puedas insertar fácilmente un tampón.

Cómo cambiarte, sacarte y descartar los tampones

Hay unas cuantas reglas que debes tener en mente con los tampones.

• CÁMBIATE DE TAMPÓN CADA CUATRO A OCHO HORAS: Esto

reduce el riesgo del síndrome de shock tóxico. Se recomienda usar toallas higiénicas de noche en vez de un tampón. Así no tendrás la preocupación de levantarte para cambiarte de tampón y reducir el riesgo del síndrome.

- NO ARROJES EL APLICADOR AL INODORO: Puedes arrojar al inodoro el tampón (excepto con ciertos tipos de sistemas sépticos o plomería realmente antigua). Pero no arrojes el aplicador o empaquetadura (incluso si dicen que sí puedes hacerlo). Pueden atorar las cañerías.

ANALGÉSICOS DE VENTA SIN RECETA

Sabemos que las prostaglandinas desempeñan una función en provocar cólicos menstruales. Por lo tanto, los mejores productos de venta sin receta para cólicos menstruales son los que bloquean la acción de las prostaglandinas y a la vez alivian el dolor. Si tienes menos de doce años, consulta con tus padres o un médico antes de tomar cualquiera de estos medicamentos.

- IBUPROFENO (nombres de marca: Midol, Advil y Motrin). Ayuda a bloquear las prostaglandinas. A menudo es la mejor opción para cólicos menstruales. De hecho, antes de que se vendiera sin receta, los médicos a menudo lo recetaban para cólicos menstruales. Los fabricantes a menudo venden diferentes analgésicos bajo el mismo nombre de marca. Lee detenidamente la etiqueta del producto que escojas. Asegúrate de que realmente contenga ibuprofeno.

  Para obtener el beneficio máximo del ibuprofeno, debes tomarlo correctamente. Comienza a tomarlo apenas se inicie tu periodo y sigue tomándolo los dos primeros días. (Si tus reglas son regulares o tienes indicios, como sensibilidad o hinchazón de los senos, posiblemente sepas cuándo se avecina. Si es así,

- **NO TE OLVIDES DE QUITARTE EL TAMPÓN:** Los tampones son tan cómodos, que quizá te olvides de uno, especialmente si tu periodo está por terminar. Dejarte tampones adentro durante demasiado tiempo puede aumentar el riesgo del SST. Si dejaste olvidado un tampón, no te asustes. Simplemente sácatelo apenas te acuerdes, lo cual puede suceder cuando te des cuenta del mal olor. El olor debe desaparecer una vez que extraes el tampón. Si no, acude al médico.

- **SI NO PUEDES ENCONTRAR EL HILO:** A veces, el hilo se sube a la vagina. Además, es posible que el tampón se voltee de

comienza a tomar ibuprofeno aproximadamente un día antes del inicio de tu periodo.) Continúa los dos primeros días de tu regla. Nunca tomes más de la cantidad recomendada en la etiqueta.

- **NAPROXENO SÓDICO** (nombre de marca: Aleve). Es el más reciente producto de venta sin receta para cólicos menstruales. Al igual que el ibuprofeno, el naproxeno sódico bloquea las prostaglandinas. De hecho, los dos medicamentos aparentemente actúan de manera similar. Algunas mujeres responden mejor a uno u otro, simplemente debido a las diferencias individuales en la composición química del cuerpo.

- **ASPIRINA.** Bloquea las prostaglandinas. Pero las mujeres menores de veinte años no deben tomar aspirina para cólicos menstruales. (Existe el peligro del síndrome de Reye, una enfermedad poco común pero grave.)

- **PARACETAMOL O ACETAMINOFÉN** (nombres de marca: Tylenol o Datril). Es otro analgésico popular. Sin embargo, el paracetamol no bloquea las prostaglandinas. Por este motivo, no es una buena opción para los cólicos menstruales.

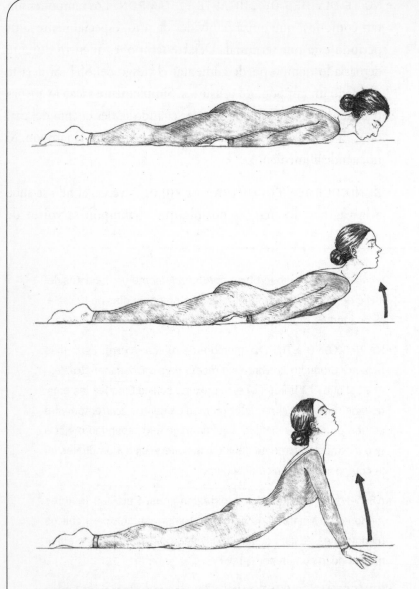

Ejercicio 1. Sube la cabeza y el pecho gradualmente sin usar los brazos hasta que el torso no toque el piso. Usando los brazos, eleva más el torso hasta que la espalda se arquee. Repítelo varias veces.

Figura 42. Ejercicios para los cólicos menstruales

Ejercicio 2. Comienza por echarte boca abajo. Agárrate los tobillos con ambas manos y jala hacia la parte de atrás de la cabeza. Balancéate ligeramente hacia adelante y atrás. Repítelo varias veces.

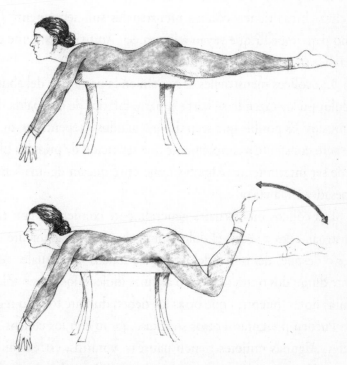

Ejercicio 3. Échate en una mesa baja o plataforma como se muestra aquí. Pon las manos en el piso delante de ti. Dobla las rodillas y jala los tobillos hacia las nalgas. Luego, con un movimiento continuo y parejo, vuelve a llevar las piernas hacia atrás. Hazlo cada vez por más tiempo, hasta seis minutos.

costado en la parte superior de la vagina. Si esto sucede, relájate. El tampón no se puede perder o ir más allá. Simplemente métete un par de dedos a la vagina y saca el tampón. (Esto puede ser difícil si tienes dedos cortos, pero si pujas, como si estuvieras defecando, esto debe poner el tampón a tu alcance.)

CÓLICOS MENSTRUALES

La mayoría de nosotras tiene cólicos menstruales en algún momento de nuestra vida. Generalmente, el dolor sólo es ligero a moderado y no nos impide que hagamos nuestras actividades normales. Pero muchas chicas tienen cólicos menstruales suficientemente fuertes como para impedir que vayan a la escuela. Aproximadamente una de cada diez tiene cólicos menstruales severos.

Los cólicos menstruales se sienten en la parte baja del abdomen. El dolor puede extenderse hasta la parte inferior de la espalda o hasta los muslos. Es posible que sean dolores agudos y repentinos, un dolor leve pero constante o simplemente una sensación de presión. El dolor puede ser intermitente. Algunas mujeres se quejan de una sensación de pesadez en la vulva.

Los cólicos menstruales generalmente comienzan con el flujo menstrual. Pero a veces, el dolor comienza aproximadamente un día antes o después del inicio del flujo. Los cólicos menstruales generalmente duran dos o tres días, pero algunas mujeres los tienen sólo unas cuantas horas, mientras que otras los tienen durante toda su regla.

Pueden presentarse otros síntomas, junto con los cólicos menstruales. Algunas mujeres tienen náuseas, vómitos, estreñimiento o diarrea. Algunas se sienten cansadas, tienen dolores de cabeza, sienten mareos o incluso se desmayan.

¿Qué causa los cólicos menstruales?

A veces los cólicos menstruales son resultado de una enfermedad subyacente o problema médico. Pero en la mayoría de los casos, no hay enfermedad subyacente que explique los cólicos menstruales. En el pasado, cuando los médicos no podían encontrar la causa de los cólicos menstruales a menudo suponían que eran imaginación de la mujer.

Hoy sabemos mucho más sobre los cólicos menstruales. Ahora sabemos que el problema no es imaginación de la mujer, sino que tiene una razón biológica. Todavía no comprendemos del todo la causa. Pero sí sabemos que cuando el revestimiento uterino comienza a desprenderse, el cuerpo libera una sustancia química llamada prostaglandina que causa que los músculos del útero se contraigan. Esto ayuda a que el útero elimine su revestimiento. Pero algunas mujeres producen esta sustancia en exceso. Como resultado, el útero se contrae demasiado, lo que causa cólicos menstruales.

Cómo aliviar los cólicos menstruales: Lo que puedes hacer

A veces bastan medidas simples y remedios caseros. Si no, hay tratamientos que puedes comprar sin receta médica. Si ninguno de éstos funciona, consulta con tu médico. Un médico puede recetar otros tratamientos para cólicos menstruales. Los tratamientos alternativos como acupuntura o hierbas chinas también pueden ser eficaces.

Remedios caseros

El calor mejora el flujo de sangre y disminuye los cólicos menstruales. También puede relajar los músculos del útero. O sea que prueba una bolsa de agua caliente, almohadilla térmica, baño caliente o taza caliente de té herbal.

Para muchas mujeres, masturbarse hasta alcanzar el orgasmo alivia los cólicos menstruales. Después, la sangre fluye más libremente en la zona. Sin embargo, el útero se contrae durante el orgasmo. En algunas mujeres, esto hace que sus cólicos menstruales empeoren en vez de mejorar.

Un estilo de vida saludable puede ser un factor importante para aliviar los dolores durante la regla. Los estudios han mostrado que los cólicos menstruales son menos severos entre las mujeres que no fuman ni toman, y que hacen ejercicio con regularidad. El ejercicio aeróbico es especialmente bueno porque lleva oxígeno a los tejidos. Esto calma la acción de las prostaglandinas. Correr, caminar rápidamente, saltar soga o cualquier cosa que te haga respirar rápido es bueno, pero no exageres.

Incluso si no te sientes bien, trata de permanecer activa. Si te sientes débil, trata de hacer algo fácil, como caminar.

El mejor ejercicio para los cólicos menstruales puede ser yoga. Prueba los ejercicios tipo yoga que se muestran en la figura 42.

Con los analgésicos enumerados en las páginas 184–185, debes seguir minuciosamente las instrucciones que vienen con el producto. Préstales atención a las advertencias. Por ejemplo, si tienes úlceras estomacales, debes evitar tomar ibuprofeno. Si tienes menos de doce años de edad, debes consultar con tu médico antes de tomar cualquier analgésico de venta sin receta.

En este capítulo, hemos tratado de decirte todo (o por lo menos casi todo) sobre tener la menstruación. En el siguiente capítulo, examinaremos algo que encuentres incluso más interesante: los muchachos y la pubertad.

8

LOS MUCHACHOS Y LA PUBERTAD

Cuando pasamos por la pubertad, generalmente recibimos un poco de información sobre lo que está pasando con nuestro cuerpo. Proviene de nuestros padres, maestros y amigos. Pero muchas veces, los padres y maestros no nos hablan sobre el sexo opuesto. (Quizá piensen que saber sobre el sexo opuesto nos hará apresurarnos a tener relaciones.) Es posible que las demás muchachas sepan tan poco como tú de este tema. Sin embargo, eso no siempre evita que difundan mucha información equivocada.

Pero desconocer lo que sucede con el sexo opuesto puede hacer que la pubertad sea más confusa de lo necesario. Por eso, en este capítulo, hablaremos sobre los cambios por los que pasa el cuerpo de los muchachos durante la pubertad. Si eres como la mayoría de las muchachas, probablemente sientes mucha curiosidad al respecto. (De hecho, no nos sorprendería si éste es el primer capítulo que leas.)

SIMILITUDES Y DIFERENCIAS

Como puedes ver en la figura 43, los muchachos cambian bastante cuando pasan por la pubertad. De muchas maneras, la pubertad en

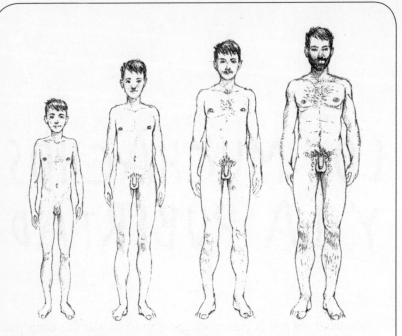

Figura 43. La pubertad en los muchachos. A medida que los muchachos pasan por la pubertad, aumentan de estatura, se les ensanchan los hombros, su cuerpo se vuelve más musculoso, los órganos sexuales se desarrollan y les comienza a crecer vellos en la región púbica, como también en las axilas, la cara, el pecho, los brazos y las piernas.

los muchachos es similar a la pubertad en las muchachas. Ambos sexos pegan un estirón y desarrollan un cuerpo más adulto. Tanto a los muchachos como muchachas les comienzan a salir vellos púbicos. Los órganos genitales de ambos sexos se desarrollan. Los chicos comienzan a producir espermatozoides por primera vez, y las chicas producen su primer óvulo maduro. Los muchachos y muchachas comienzan a traspirar más, y es probable que les comiencen a salir granos en este periodo de su vida.

Pero los muchachos son diferentes de las muchachas. Algunos de los cambios por los que pasan las chicas no se producen en los chicos. Obviamente, los muchachos no menstrúan. Además, hay cambios por los que pasan los muchachos por los que no pasan las muchachas. Por ejemplo, a los chicos les baja la voz y se vuelve más profunda, pero a las chicas no.

Además, la edad en que se inicia la pubertad también es diferente en las muchachas y en los muchachos. En los chicos, la pubertad generalmente comienza más tarde. La muchacha promedio comienza a desarrollar senos antes de que el muchacho promedio muestre indicio exterior alguno de la pubertad. A las chicas también les comienzan a salir vellos púbicos antes que al chico promedio. De todos modos, como bien sabemos, nadie es promedio. Algunos muchachos comienzan antes que el promedio. Los muchachos que pasan por un inicio temprano de la pubertad pueden hacerlo antes que algunas muchachas de la misma edad.

A pesar de que no todos los cambios por los que pasan los muchachos y las muchachas son los mismos, sus sentimientos y reacciones emotivas con respecto al crecimiento son muy similares.

LOS PRIMEROS CAMBIOS

Para la mayoría de los muchachos, el primer indicio de la pubertad llega cuando los testículos y el escroto comienzan a desarrollarse. Este cambio sucede a edades muy diversas. Un chico puede iniciar la pubertad cuando sólo tiene nueve años. Puede ser que el desarrollo de los testículos y el escroto no se inicie hasta que tenga casi catorce años o incluso más. En promedio, la pubertad se inicia en los muchachos cuando tienen de diez a doce años.

EL PENE Y ESCROTO

La figura 2 en la página 6 muestra los órganos sexuales externos del cuerpo masculino. Te sugerimos que le eches otro vistazo al dibujo antes de seguir leyendo este capítulo. Te ayudará a recordar los nombres de las diversas partes de los genitales masculinos.

El pene está hecho de tejido esponjoso. Adentro hay un tubo hueco llamado uretra, que se extiende a lo largo del pene. Cuando un varón orina, la pila pasa por este tubo y sale de un orificio en la punta del glande. Cuando el hombre eyacula, la esperma también pasa por este tubo y sale del mismo orificio. Detrás del pene está el escroto. Contiene los dos testículos. Los testículos de un muchacho son muy sensibles, y los golpes o el trato tosco de éstos pueden causar mucho dolor.

El pene y escroto de un chico cambian a medida que pasa por la pubertad. Durante la infancia, la piel del escroto es tirante, y los testículos siempre están retraídos cerca del cuerpo. Durante la pubertad, el escroto se suelta más y los testículos generalmente cuelgan. Pero a veces, cuando un muchacho tiene frío o miedo, o tiene sensaciones sexuales, el escroto se tensa y retrae los testículos cerca del cuerpo por un tiempo.

La circuncisión

El pene en la parte izquierda de la figura 44 ha sido circuncidado. Se le ha quitado el prepucio. Es posible ver todo el glande o la cabeza del pene. La circuncisión generalmente se realiza al poco tiempo del nacimiento del niño, pero no todos los varones son circuncidados. El pene que se muestra a la derecha de la figura 44 no ha sido circuncidado. En este dibujo, el prepucio cubre todo el glande. Algunos prepucios son más largos que el que se muestra aquí. Otros son más cortos. Los más cortos cubren una parte menor del glande. Los más largos se extienden más o sobrepasan el glande.

Es posible retraer o jalar hacia atrás el prepucio del pene adulto a lo largo del tronco del pene. El prepucio en realidad tiene dos capas. Las dos capas se deslizan de adelante hacia atrás, una sobre la otra. Este desplazamiento permite que se retraiga el prepucio. La capa interior en realidad no es de piel. Es un tipo especial de tejido muy sensible.

Hoy en día, aproximadamente seis de cada diez bebés varones nacidos en Estados Unidos son circuncidados. Algunos padres judíos y musulmanes hacen que sus bebés sean circuncidados por motivos

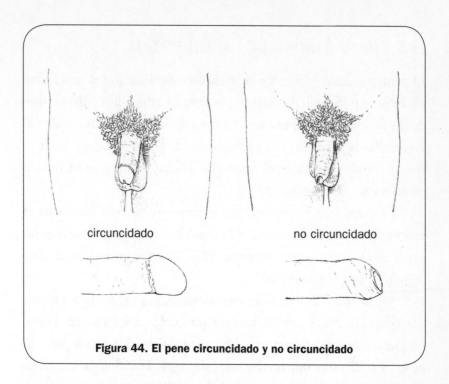

circuncidado

no circuncidado

Figura 44. El pene circuncidado y no circuncidado

religiosos. Otros padres hacen circuncidar a sus bebés por lo que consideran son importantes razones médicas. Y otros circuncidan a sus bebés porque el padre ha sido circuncidado.

Se solía pensar que era más probable que los varones no circuncidados tuvieran infecciones o cáncer del pene. Ahora los médicos dudan que la circuncisión realmente reduzca las probabilidades de que a un hombre le dé este tipo de cáncer. Además, el cáncer del pene es muy poco común. Y no existen verdaderas pruebas de que los hombres no circuncidados tengan mayores probabilidades de tener infecciones. Los bebés no circuncidados corren un peligro un poco más alto de tener infecciones del tracto urinario, pero por lo general, es fácil curarlas.

Hoy en día, muchas personas le preguntan a su médico si existe un buen motivo para que su recién nacido pase por el dolor de la circuncisión. Más y más padres están optando por no circuncidar a sus bebés.

LAS CINCO ETAPAS DE LA PUBERTAD

El pene y escroto aumentan de tamaño a medida que el muchacho pasa por la pubertad. Además, le comienza a salir vellos públicos alrededor de los órganos genitales. Como sabes, los médicos dividen el desarrollo de los senos y el vello público de las muchachas en cinco etapas. También dividen el desarrollo genital en los muchachos en cinco etapas. (Ver figura 45.)

La etapa 1 se inicia en el nacimiento y continúa hasta que el muchacho entra en la etapa 2. El pene, el escroto y los testículos no cambian mucho durante esta etapa. Hay un aumento mínimo y muy lento del tamaño en general.

En la etapa 2, los testículos comienzan a crecer más rápido. Cuelgan más. Por lo general, un testículo cuelga más bajo que el otro. La piel del escroto se escurece y su textura se vuelve más áspera. El pene en sí no crece mucho durante esta etapa. Los muchachos, en su mayoría, desarrollan sus primeros vellos públicos durante esta etapa.

Durante la etapa 3, el pene crece bastante y se engrosa un poco. Los testículos y el escroto continúan creciendo. La piel del pene y escroto puede continuar oscureciéndose. A los muchachos a quienes no les salieron vellos públicos durante la etapa 2 probablemente les salgan los primeros en esta etapa.

En la etapa 4, el pene se vuelve considerablemente más largo y ancho. Pero el mayor cambio es el ancho del pene. Además, el glande se desarrolla más. Los testículos y escroto continúan creciendo. La piel del pene y escroto posiblemente se oscurezca más. Algunos muchachos no desarrollan vello público hasta que alcanzan esta etapa.

La etapa 5 es la etapa adulta. El ancho y largo del pene han alcanzado su nivel máximo, y los testículos y escroto están plenamente desarrollados. En esta etapa los muchachos tienen muchos vellos públicos rizados. Les crecen en la parte inferior del vientre y hasta el ombligo. Quizá les salgan también alrededor del ano y hacia los muslos.

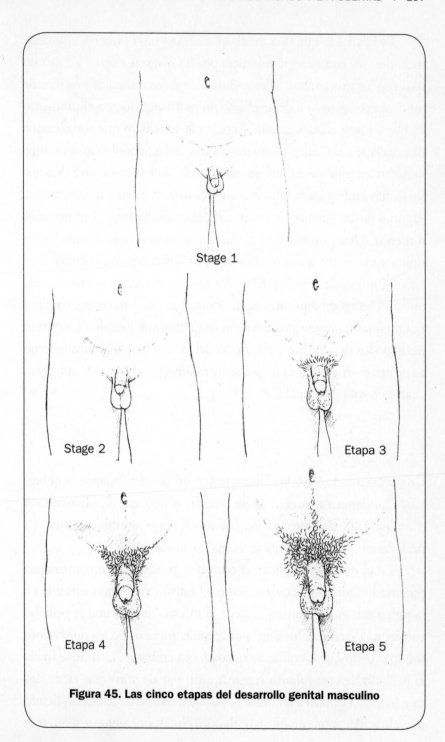

Figura 45. Las cinco etapas del desarrollo genital masculino

La edad a la que una muchacha comienza la pubertad no tiene nada que ver con cuán rápido pasa por las diversas etapas. Lo mismo pasa con los muchachos. El momento en que los testículos y escroto de un chico comienzan a desarrollarse no está asociado con el momento en que alcanza la etapa adulta. Algunos de los chicos que comienzan a desarrollarse a una edad temprana continúan haciéndolo rápido y otros lo hacen lentamente. Lo mismo pasa con los que comienzan a desarrollarse más tarde y los muchachos que comienzan a una edad promedio. Algunos de los muchachos pasan de la etapa 2 a la etapa 5 en dos años o menos. Otros muchachos tardan cinco años o más. El muchacho típico toma de tres a cuatro años en pasar de la etapa 2 a la etapa 5.

El inicio de la pubertad en las muchachas tampoco tiene nada que ver con las dimensiones de sus senos. Las muchachas que comienzan temprano no siempre terminan con senos más grandes. Lo mismo pasa con los muchachos y el tamaño del pene. Un inicio temprano no tiene relación alguna con qué tan grande será el pene de un chico cuando termine de madurar.

EL ESTIRÓN

Como las muchachas, los chicos pegan un estirón durante la pubertad. Comienzan a aumentar de estatura y de peso rápidamente. A diferencia de las muchachas, los muchachos también tienen un periodo en que les aumenta la fuerza aceleradamente.

En el caso de las chicas, el estirón se produce al comienzo de la pubertad. Con los chicos promedio, el estirón viene más adelante en la pubertad. Por lo general, sucede al mismo tiempo que el pene les comienza a crecer. A los diez u once años, muchos de los muchachos son más bajos que las niñas de su edad. Sin embargo, cuando se inicia el periodo de crecimiento repentino un par de años más tarde, los muchachos alcanzan a las muchachas y generalmente terminan siendo más altos. Por supuesto que hay algunos chicos que siempre serán más bajos que muchas chicas.

CAMBIOS EN LA FORMA DEL CUERPO

El cuerpo de las niñas pasa a ser más curvilíneo durante la pubertad, y el de los muchachos, más musculoso. Los hombros se ensanchan y los brazos y piernas se vuelven más gruesos. Esto hace que su cuerpo sea menos redondo y más masculino. Como con las chicas, la cara de los muchachos también cambia y pasa a ser más adulta. A menudo, el cambio es más drástico en los muchachos que en las muchachas.

VELLOS, TRASPIRACIÓN, GRANOS Y OTROS CAMBIOS

Los vellos en los brazos y piernas de los chicos se vuelven más oscuros y gruesos durante la pubertad. A algunos muchachos les salen vellos en el pecho y a veces también en la espalda. A algunos les salen bastantes vellos. Otros tienen muy pocos.

Como las muchachas, a los chicos les salen pelos en las axilas durante la pubertad. (Los muchachos generalmente no se afeitan estos vellos.) La traspiración y las glándulas sebáceas en la zona genital, las axilas, la cara, el cuello, los hombros y la espalda se vuelven más activas en los muchachos, al igual que con las muchachas. El cuerpo les cambia de olor, y posiblemente comiencen a ponerse desodorante o antisudoral. Es probable que los granos y el acné sean un problema para los muchachos, así como lo son para ciertas chicas. En general, los chicos tienen acné más severo que las chicas.

Vellos faciales

Durante la pubertad, a los muchachos también les salen vellos en el rostro. Generalmente les comienzan a crecer pelitos en los extremos de los labios superiores. Al mismo tiempo, les pueden comenzar a crecer las patillas. Después de que se les rellena el bigote, les crecen vellos en la parte superior de la mejilla y justo debajo del medio del labio inferior. Finalmente, les crece en la barbilla. Por lo general, a los muchachos les comienza a salir barba después de que los genitales estén plenamente desarrollados. En la mayoría de los muchachos, los vellos faciales les comienzan a salir entre los catorce y dieciocho años, pero es posible que les salgan antes o después.

Cambios en los pechos

Por supuesto que los pechos de los muchachos no pasan por los mismos tipos de cambios que los senos de las muchachas, pero las tetillas les crecen a los chicos durante la pubertad. En la mayoría de los muchachos, los pechos se hinchan un poquito durante esta etapa. Igual que las muchachas, los chicos a veces notan sensibilidad y dolor en los pechos en este periodo. Esta hinchazón generalmente comienza durante la etapa genital 2 ó 3. Puede suceder con ambos pechos o sólo uno. Puede durar sólo unos cuantos meses o un año, o puede continuar durante dos años o incluso más. Pero finalmente desaparecerá.

La voz

A los chicos les cambia la voz durante la pubertad. Pasa a ser más baja y profunda. Mientras la voz les está cambiando, a algunos muchachos se les quiebra o, como se dice coloquialmente, les "salen gallos". Esto quiere decir que la voz pasa repentinamente de tener un tono bajo a uno alto, chirriante. Los gallos les pueden durar sólo unos cuantos meses, pero a veces les salen durante un año o dos.

ERECCIONES

En la página 13 del capítulo 1, hablamos sobre erecciones. Hay muchas palabras de jerga para una erección. "Parado" y "tieso" son apenas dos de los términos usados para referirse a una erección.

Cuando un muchacho tiene una erección, le fluye sangre adicional al pene. Llena el tejido esponjoso dentro del pene. A medida que

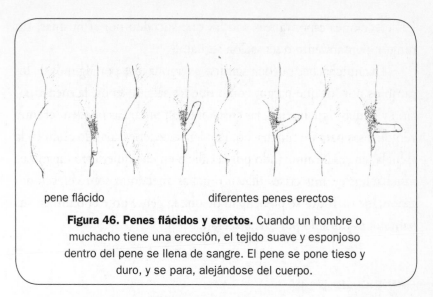

pene flácido   diferentes penes erectos

Figura 46. Penes flácidos y erectos. Cuando un hombre o muchacho tiene una erección, el tejido suave y esponjoso dentro del pene se llena de sangre. El pene se pone tieso y duro, y se para, alejándose del cuerpo.

el tejido esponjoso se hincha, presiona contra los vasos sanguíneos del pene. Esto hace que el flujo de sangre por las venas que salen del pene sea más lento. El tejido esponjoso se hincha incluso más, lo que hace que el pene se ponga duro. Durante una erección, el pene también se alarga y ensancha. También toma un color más oscuro. Se pone erecto, alejándose del cuerpo como en los dibujos en el lado derecho de la figura 46.

Los hombres tienen erecciones durante toda la vida, incluso cuando son bebés muy pequeños. Acariciar o tocar el pene puede causar una erección. La estimulación sexual y las fantasías sexuales pueden causar erecciones. Los varones también pueden tener erecciones incluso si no están teniendo sensaciones o pensamientos relacionados con algo sexual. Algunos hombres se despiertan por la mañana con erecciones. La necesidad de orinar también puede causar erecciones.

Erecciones espontáneas

Durante la pubertad, los muchachos tienden a tener erecciones con mayor frecuencia que cuando eran menores. Al pasar por la pubertad, la mayoría los muchachos comienza a tener erecciones espontáneas.

Las erecciones espontáneas son las que suceden por sí mismas, sin ningún pensamiento o sensación sexual.

Las muchachas pueden sentirse avergonzadas por algunos de los cambios por los que pasan, como que les salgan senos, la menstruación y demás. Igualmente, las erecciones espontáneas pueden ser muy vergonzosas para un muchacho. Pueden sucederles cuando están en la escuela, en casa, caminando por la calle o en cualquier otro lugar. Los muchachos en mis clases tienen muchas anécdotas sobre erecciones espontáneas. Todos se preocupan de que la gente note el bulto en sus pantalones causado por una erección.

Tamaño del pene

Muchas chicas se preocupan por el tamaño de sus senos. Quizá piensen que no tienen senos suficientemente grandes. Los muchachos tienen una inquietud similar. Muchos chicos creen que tienen el pene demasiado pequeño.

El tamaño del pene no erecto varía mucho, pero las diferencias de tamaño tienden a desaparecer cuando el pene está erecto. Si el pene de un muchacho es un poco chico cuando no está erecto, no significa que será pequeño cuando esté erecto. Además, los muchachos a veces se olvidan de que el pene no alcanza su tamaño máximo hasta la etapa 5.

Los hombres adultos, en su mayoría, tienen penes erectos de 5 1/4 a 6 ¾ pulgadas de largo. El largo promedio es de alrededor de 6 pulgadas. Hay muchos mitos sobre el tamaño del pene. Simplemente no es cierto que los hombres con penes grandes sean más masculinos o mejores amantes. El tamaño del pene tiene poca influencia en el placer de la mujer durante el coito.

Después de la erección

Cuando un hombre tiene una erección, puede pasar una de dos cosas. La erección puede desaparecer por sí sola. O puede disiparse después de que él eyacule. (Durante una eyaculación, los músculos se contraen, lo que hace que un fluido, llamado semen, salga del pene.) En ambos casos, el pene se reduce y se pone más blando a medida que más sangre fluye por las venas que salen del pene.

ESPERMA, ÓRGANOS SEXUALES INTERNOS Y EYACULACIÓN

Los muchachos comienzan a producir espermatozoides durante la pubertad. La figura 47 muestra el interior de un testículo. Los esper-

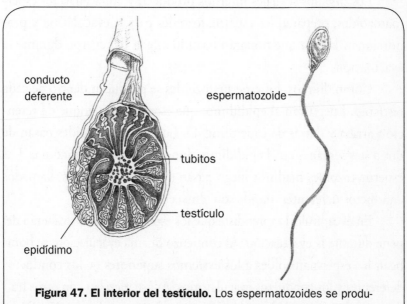

Figura 47. El interior del testículo. Los espermatozoides se producen en tubos muy pequeños dentro del testículo. Maduran en el epidídimo y se almacenan en el conducto deferente.

matozoides están dentro de tubos muy delgados y enroscados dentro de cada testículo. Los espermatozoides pueden lucir como renacuajos. Pero son mucho más pequeños que los animalitos que ves en la figura 47. Son demasiado pequeños para verse a simple vista. Una vez que un muchacho comienza a producir espermatozoides, generalmente continúa produciendo millones de espermatozoides nuevos todos los días durante el resto de su vida.

Los testículos de un chico hacen mucho más que producir espermatozoides. También producen testosterona, la hormona masculina. Se llama la hormona masculina porque ayuda a producir espermatozoides y causa muchos de los cambios por los que los muchachos pasan durante la pubertad. Estos cambios incluyen el crecimiento de vellos faciales y músculos, el ensanchamiento de los hombros y el cambio de voz. Y ésos son apenas unos cuantos de los muchos cambios que causa la testosterona.

Los órganos sexuales internos producen y almacenan los espermatozoides, preparan los espermatozoides para la eyaculación y proporcionan la ruta que tomarán cuando salgan del cuerpo durante la eyaculación.

Como dijimos, los espermatozoides se producen dentro de cada testículo. Luego van al epidídimo, que es como un tanque de retención arriba y detrás de cada testículo. Los espermatozoides pasan de dos a seis semanas en el epidídimo, donde terminan de madurar. Los espermatozoides maduros luego pasan a uno de dos tubos, llamados conductos deferentes, donde son almacenados.

En el capítulo 1, aprendiste que los espermatozoides se liberan del pene durante la eyaculación. Al comienzo de una eyaculación, se bombean los espermatozoides a los extremos superiores de los conductos deferentes y los conductos eyaculatorios. Allí se mezclan con otros fluidos que provienen de las vesículas seminales y la próstata. (Ver figura 48). Esta mezcla se llama semen. (Los otros fluidos en el semen nutren los espermatozoides y proporcionan energía para el largo recorrido cuya meta es fertilizar un óvulo.) El semen luego entra a la uretra.

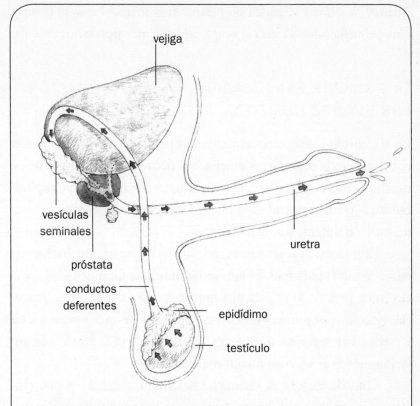

vejiga

vesículas
seminales

próstata

conductos
deferentes

uretra

epidídimo

testículo

Figura 48 El semen y la eyaculación. Poco antes de la eyaculación, los músculos en cada testículo, epidídimo y conducto deferente se contraen rítmicamente. Se bombean los espermatozoides
por los conductos deferentes a la parte principal del cuerpo y la
próstata. Aquí los espermatozoides se mezclan con el fluido de las
vesículas seminales y la próstata para formar el semen. En el
momento de la eyaculación, contracciones musculares adicionales
bombean el semen por la uretra y la apertura urinaria.

En la fase final de la eyaculación, poderosos músculos se contraen y bombean el semen a través de la uretra y a lo largo de todo el
pene. El semen sale en un chorro del orificio en la punta del pene.

A algunas muchachas les da asco enterarse que tanto el semen
como la orina de la vejiga pasan por la uretra. Pero no tiene nada de
asqueroso ni repulsivo. La orina simplemente es otro líquido. A no ser
que el hombre tenga una infección, su orina está libre de gérmenes.

Además, la orina y el semen no pasan por la uretra al mismo tiempo. Una pequeña válvula cierra la vejiga del hombre antes de que eyacule.

LA PRIMERA EYACULACIÓN, LA MASTURBACIÓN Y LOS SUEÑOS HÚMEDOS

En el capítulo 1, te enteraste que los varones pueden eyacular durante el coito. Pero la mayoría los muchachos tiene su primera eyaculación mucho antes de comenzar a tener relaciones sexuales. Como explicaremos, la primera eyaculación puede suceder cuando el muchacho se masturba o durante un sueño húmedo.

La primera eyaculación es indicativa de que un muchacho está pasando por la pubertad. Es tan importante para un muchacho como el primer periodo lo es para una muchacha. Los chicos, en su mayoría, eyaculan por primera vez cuando tienen entre once y quince años y medio. Por supuesto, que en algunos muchachos, la primera eyaculación sucede a una edad menor o mayor.

Como la mayoría de las muchachas, los muchachos, en su mayoría, se masturban. Lo hacen frotándose y acariciándose el pene. Muchos muchachos tienen su primera eyaculación al masturbarse. Otros muchachos la tienen mientras duermen. Esto se conoce como un sueño húmedo. El muchacho se despierta y descubre aproximadamente una cucharadita de semen en el vientre o la ropa de cama. El primer sueño húmedo puede ser muy impactante para un chico que no está preparado, así como la sangre menstrual puede ser un a shock para una chica no preparada. Éste es apenas uno de los ejemplos por los cuales los muchachos —al igual que las muchachas— necesitan información sobre los cambios de la pubertad antes de que estos cambios comiencen en su propio cuerpo. Como las muchachas, los chicos también quieren saber qué está sucediendo con su cuerpo.

9.
SENTIMIENTOS ROMÁNTICOS Y SEXUALES

Si una chica de trece que ya tuvo su regla sólo piensa en chicos y sexo, ¿es normal?

—ANÓNIMO

Este tipo de pregunta surge a menudo porque, cuando ocurre la pubertad, muchas de nosotras experimentamos fuertes sentimientos románticos, sensaciones sexuales o ambos. Para algunas muchachas, esto significa pasar tiempo imaginando fantasías sexuales o un romance apasionado con alguien especial. Para otras, significa la necesidad de masturbarse con más frecuencia. Y para otras, significa interesarse en el sexo opuesto, enamorarse o tener un romance.

Estos sentimientos románticos y sensaciones sexuales pueden ser muy fuertes. A veces, te puede parecer que sólo piensas en romance y sexo. Algunas jovencitas se enfrascan tanto en esto que se asustan un

poco. Si te preocupa a veces la intensidad de tus sentimientos románticos o sensaciones sexuales, te puede ayudar saber que son perfectamente normales. Muchas chicas de tu edad están pasando por lo
mismo.

No todos tienen fuertes sentimientos románticos o sensaciones
sexuales durante la pubertad. Algunas chicas se dedican de lleno al
deporte, la escuela, la música o lo que sea. Entre las preguntas que nos
hacen está:

> ¿Por qué todas las otras chicas les interesa tanto tener novio y
> enamorarse, y a mí no?
>
> —ANÓNIMO

Así como cada una de nosotras desarrolla y pasa por los cambios
corporales de la pubertad a su propio ritmo, también tenemos nuestro propio tiempo para el romance y los intereses sexuales. Así que no
hay necesidad de preocuparse porque todas las chicas de tu edad sólo
están pensando en novios y tú no. No hay nada de malo en ti. El
momento adecuado para ti es diferente al de ellas. Tienes mucho
tiempo para tener sentimientos románticos y sensaciones sexuales.

Las chicas de mi clase tienen curiosidad de todos los mínimos
detalles respecto al sexo. Y tienen especial curiosidad sobre los tipos
de sentimientos románticos y sensaciones sexuales que sienten los
jóvenes cuando crecen. Hablamos de fantasías y masturbación en
capítulos anteriores. Las fantasías y la masturbación son asuntos pri-
vados que haces cuando estás sola. En este capítulo vamos a hablar
más de tus sentimientos románticos y sensaciones sexuales que tienen
que ver con otras personas. Hablaremos de cosas como amor a primera vista, citas y enamoramiento. Pero primero, quiero decir un par
de cosas sobre la amistad.

AMIGOS Y NADA MÁS

Cuando somos niños, nadie dice nada del hecho de que dos chicos del sexo opuesto sean amigos. De vez en cuando, la gente hace bromas sobre "amor infantil". Y nadie dice nada si un niño o una niña juegan juntos, son buenos amigos o se quedaban a dormir en la casa del otro. Sin embargo, con la pubertad, las cosas cambian. De repente, ya no está bien quedarse a dormir en la casa de tu mejor amigo si sucede que es del sexo opuesto. Los otros chicos de la escuela o los adultos empiezan a asumir que son "más que amigos". Dan por hecho que tienen una relación romántica, como de novios.

Los chicos de mis clases a menudo dicen que es más difícil quedarse "amigos y nada más" después de cierta edad. Esto es lo que una muchacha de mi clase dijo:

> Voy a ir a la fiesta de disfraces de Pablo este sábado, y mi hermano no deja de molestarme diciendo: "Te gusta Pablo, te mueres por Pablo". Bueno, Pablo me cae bien, pero nada más. De buenas a primeras ya no puedo ser amiga de un muchacho. Todos piensan en novios o enamorados, y tiene que haber un romance de por medio.
>
> —ROSA MARÍA, 13 AÑOS

Un chico que era amigo de una muchacha desde la infancia, dijo lo siguiente:

> Me quedé a dormir en la casa de Elena y cuando estábamos nadando en la piscina, sus vecinas vinieron y me dijeron cosas como: "Ay, estás jugando con una niña. Y te quedas a dormir en su casa. ¡Qué raro!"
>
> —DANI, 11 AÑOS

Muchas chicas se quejan de este tipo de burlas y de cómo la gente asume que un amigo del sexo opuesto es "más que un amigo". Así que, en clase, hablamos sobre cómo manejar este problema. Aquí nuestros consejos:

- Simplemente no les hagas caso a las burlas y los rumores. Tu actitud debe trasmitir "que no te importa". Después de todo, ¿qué problema hay con que crean que estás enamorada de tu amigo?

- Explícale a la gente que son "amigos y nada más". Diles por qué piensas que ser "amigos y nada más" es divertido y excelente idea, o lo que sea.

- Habla con tu amigo para que las burlas y los rumores no lo hagan sentirse incómodo cuando estén juntos.

Si tienes problemas de este tipo, prueba hacer lo que te aconsejamos. No permitas que "esto del romance" te impida disfrutar de tu amistad con alguien del sexo opuesto.

ENAMORAMIENTOS

Por supuesto, a veces sí nos interesa el romance. De hecho, muchas chicas se enamoran. Enamorarse significa tener sentimientos románticos o sexuales por alguien especial. Y puede ser emocionante. Sólo pensar en esta persona o verla de lejos te puede alegrar todo el día. Puede que pases horas felices imaginando un romance con ese alguien especial.

A veces, las chicas se enamoran de alguien que no es probable que sienta lo mismo por ellas. Puede ser un actor de cine, un cantante de rock, otro adulto o el amigo de un hermano mayor. Este tipo de enamoramientos puede ser una manera segura y saludable de experimentar con sentimientos románticos y sexuales. De todos modos, aunque finjamos lo contrario, en el fondo sabemos que esta persona es inalcanzable y no tenemos que preocuparnos de problemas de la vida real, como qué decir y qué hacer. Somos libres de dejarnos llevar por nuestra imaginación, sin preocuparnos de si le gustamos a esta persona. De cierta manera, enamorarse de una persona inalcanzable es una manera de practicar para cuando nos enamoremos en la vida real.

Pero este tipo de enamoramientos también puede ser doloroso. Un año, algunas chicas de mi clase se enamoraron de un cantante de rock. Empapelaron las paredes de su cuarto con afiches, usaban botones con su foto, no se perdían ni un artículo sobre él en las revistas y se divertían mucho entre ellas compartiendo su adoración por él. Cuando el cantante de rock se casó, naturalmente, se decepcionaron mucho, pero una chica estaba más que decepcionada. Estaba realmente deprimida. Su enamoramiento se había vuelto demasiado serio, y el matrimonio del cantante fue un golpe terrible para ella. Si sientes que estás desarrollando un enamoramiento serio con alguien inalcanzable, ayuda mucho recordarte de vez en cuando que tu interés no es muy realista. Las probabilidades son mínimas de que esta persona sienta lo mismo por ti.

No todos los enamoramientos son inalcanzables. Te puede gustar alguien de tu edad que conociste en la escuela, iglesia, templo o algo así. Si esa persona también tiene interés en ti, el enamoramiento puede ser especialmente emocionante. Pero estar loca por alguien que no tiene interés en ti puede ser doloroso. Si tu enamoramiento te causa problemas, ayuda mucho conversar con alguien. Esa persona puede ser un amigo, tus padres, un maestro, otro adulto o un consejero.

Cuando las chicas nos dicen que están interesadas románticamente o sexualmente en alguien que realmente conocen, a menudo preguntan: ¿Cómo podemos averiguar si le gustas a alguien? ¿Cómo le dices a alguien lo que sientes?

Básicamente hay dos maneras: se lo puedes decir tú o se lo puede decir otra persona por ti. Si decides que una amiga hable por ti, debes escoger a alguien en quien realmente confíes. No quieres que toda la escuela se entere. Generalmente es más fácil dejar que otro hable por ti, pero ten en cuenta que si haces esto, casi no tienes control de lo que dicen de ti. Por ejemplo, puede ser que sólo quieras que tu amiga mencione tu nombre casualmente para ver cómo reacciona el chico. Y en vez, resulta que tu amiga suena como que te mueres por él.

Por eso, mucha gente prefiere hablar por sí misma. Hay muchas maneras de hacerle saber a alguien lo que sientes. Puedes ser amistosa, empezar una conversación, hacer esfuerzos por estar cerca de esa persona, pedirle que salgan juntos o simplemente decirle lo que sientes. Si esa persona hace este tipo de cosas contigo, es probable que tú le gustes.

Sea como sea que decidas hacerlo, tú misma o por medio de un amigo, asegúrate de que sea en privado. El chico puede sentirse avergonzado de hablar de lo que siente por ti frente a amigos o compañeros de clase. Y por lo tanto, puede que realmente le gustes pero que no lo diga frente a todos.

SENTIMIENTOS HOMOSEXUALES

Algunas veces, la gente se enamora de alguien del mismo sexo. Cuando hablamos de esto en clase, surgen preguntas sobre la homosexualidad.

Homo significa "igual". Tener sentimientos homosexuales significa que tienes sentimientos románticos o sexuales, que fantaseas, sueñas o te has enamorado de alguien del mismo sexo. Durante la adolescencia, muchos chicos y chicas tienen pensamientos y sentimientos homosexuales o reales experiencias sexuales con alguien del mismo sexo.

Si has tenido sentimientos o experiencias homosexuales, puede que sepas que esto es bastante normal. Puede que no te preocupe en absoluto. O puede que estés un tanto confundida o afligida, o incluso aterrada por este tipo de sentimientos o experiencias. Tal vez hayas escuchado a gente hacer bromas o usar palabras insultantes cuando se refieren a la homosexualidad. De allí que te preguntes si realmente está bien tener sentimientos o experiencias homosexuales. Tal vez hayas escuchado a alguien decir que la homosexualidad es inmoral, anormal, un pecado o una señal de enfermedad mental. Y esto también puede causarte inquietud acerca de lo que sientes. Si has escuchado algo así (o incluso si no has escuchado nada de esto), creemos que ayuda mucho que conozcas los básico acerca de la homosexualidad.

Casi todos tienen pensamientos, sentimientos, fantasías o experiencias homosexuales en algún momento de su vida. Por eso, usualmente sólo consideramos homosexuales a las personas que, como adultas, sienten mayor atracción sexual y afectiva por alguien del mismo sexo. Por lo general, sus experiencias sexuales son mayormente con alguien del mismo sexo. Aproximadamente uno de diez adultos en nuestra sociedad es homosexual.

Tanto los hombres como las mujeres pueden ser homosexuales. "Gay" no es un término insultante y puede referirse a hombres o mujeres homosexuales. A las mujeres homosexuales también se les llama lesbianas. Siempre ha habido homosexuales, entre ellos algunas personas muy famosas. Gente de toda clase social, raza, religión o nivel económico puede ser homosexual. Hay homosexuales que son doctores, enfermeros, abogados, choferes, policías, artistas, empresarios, ministros, rabinos, sacerdotes, maestros, políticos, futbolistas, gente casada, gente soltera, padres… todo tipo de gente.

La mayoría de los adultos en nuestra sociedad es heterosexual. "Hetero" significa "diferente". Los heterosexuales se sienten atraídos romántica y sexualmente al sexo opuesto. La mayoría de sus experiencias sexuales es con el sexo opuesto.

Hemos mencionado lo básico, pero si eres como la mayoría de las muchachas en mis clases, probablemente todavía tienes preguntas sobre la homosexualidad. Aquí las respuestas a algunas de sus preguntas.

¿La homosexualidad es inmoral? ¿Es antinatural, anormal o un síntoma de enfermedad mental?

En el pasado, mucha gente creía que la homosexualidad era pecaminosa o anormal. Todavía hay gente que piensa así. Sin embargo, en esta época, cada vez menos gente piensa eso. Creemos que es un asunto personal que algunas personas son homosexuales y que ser homosexual es una manera de ser perfectamente saludable, normal y aceptable.

¿Qué es ser bisexual?

Una persona bisexual siente atracción por hombres y mujeres, y tiene experiencias sexuales con personas de ambos sexos.

Si una persona tiene sentimientos homosexuales o tiene experiencias con alguien del mismo sexo en la adolescencia, ¿esta persona será homosexual de adulto?

Tener experiencias y sentimientos homosexuales en la adolescencia no significa que la persona será homosexual de adulto. Muchos jóvenes que tuvieron experiencias y sentimientos homosexuales en la adolescencia resultaron ser heterosexuales de adultos. Y naturalmente, algunos resultaron ser homosexuales.

Hemos hablado con muchos adultos homosexuales sobre sus sentimientos en la adolescencia y hemos recibido muchas respuestas diferentes. Algunos tuvieron sentimientos homosexuales de adolescentes. Otros tuvieron sentimientos heterosexuales. Y había otros que no tenían claros sentimientos de un tipo o del otro en la adolescencia.

¿Es posible saber con certeza si uno es gay en la adolescencia?

Sí. Al menos unos cuantos adultos homosexuales dicen que sabían que eran homosexuales cuando eran adolescentes. Algunos incluso dicen que lo sabían cuando eran niños.

Para mayor información sobre la homosexualidad, puedes consultar la sección de Recursos al final del libro.

CITAS ROMÁNTICAS

Cuando los jóvenes dejan la pubertad y entran en la adolescencia, muchos empiezan a salir con miembros del sexo opuesto. Esto puede ser divertido y emocionante, pero también puede crear problemas. Por ejemplo, puedes querer tener una cita antes de que tus padres consideren que tienes edad suficiente. O puede que no te sientas lista para las citas, y tus padres o amigos te presionen para que las tengas. Puede que te cueste decidir si quieres salir con una persona o con varias personas. Si ya has estado saliendo regularmente con alguien y decides salir con otro, puede ser difícil terminar con un romance estable. O si tu novio "estable" quiere cambiar la relación, puede que te sientas herida y te resulte difícil aceptarlo. Por otro lado, puede que quieras tener enamorado y nadie quiera salir contigo. Esto puede hacerte sentir un tanto deprimida.

Nuevamente, si tienes problemas románticos, puede ser de mucha ayuda que converses con alguien a quien le tienes respeto y confianza. Puedes hablar con uno de tus padres, otro adulto de confianza, una amiga o un hermano o hermana mayor. También puedes leer mi libro *My Feelings, Myself*, que habla de estos temas. Además, te puede ayudar escuchar algunas de las preguntas que me hicieron al respecto en mis clases.

¿Qué haces si te gustaría tener una cita romántica, pero nunca has tenido una y estás comenzando a pensar que nunca tendrás una?

Si las otras chicas que conoces ya han empezado a salir con chicos y tú no, puede que pienses que nunca te va a tocar. Si te sientes así, ayuda mucho recordar que para cada persona, hay un momento adecuado para el romance. Puede ser terriblemente difícil si tu ritmo personal es más lento que el de los demás, pero el hecho de que te haya tomado más tiempo empezar no significa que nunca saldrás con chicos. Tal vez te demores, pero con el tiempo, tú también empezarás a salir. ¡Te lo garantizamos! Recuerda que tienes muchos años por delante. Realmente no importa si saliste con un chico por primera vez a los trece o a los veinte. Lo que importa es que te sientas bien contigo misma a largo plazo.

¿Está bien que una chica invite a un chico a salir?

Creemos que sí. Si bien hay quienes piensan que no es correcto ni apropiado que las chicas inviten, la mayoría de la gente no ve nada de malo si una chica toma la iniciativa. De hecho, muchas personas piensan que es una gran idea. Casi todos los chicos a los que les hemos preguntado dijeron que les gustaría que más chicas lo hicieran. ¡Es difícil ser siempre el que da el primer paso! A las chicas también les gusta esta idea. Sin embargo, muchas chicas admiten que no se atreven a invitar a un chico a salir. Les preocupa lo que piensen los demás, o temen que el chico les diga que "no". ¡Creemos que las chicas deben hacerlo! Al fin y al cabo, seas hombre o mujer, lo peor que te puede pasar es que te digan que no. Y no sería el fin del mundo, ¿verdad? Una chica nos contó esto:

> Mi novio es muy tímido. Nunca habríamos salido juntos si no hubiera sido porque yo lo invité primero. ¡Y me alegro de haberlo hecho!

> —SANDRA, 16 AÑOS

¿Y qué pasa si cada vez que invitas a alguien la respuesta es "no"?

Si has invitado a una persona varias veces y la persona sigue diciendo que "no", entonces tienes que darte cuenta de que esta persona no quiere salir contigo. Puede ser difícil determinar la cantidad de veces que debes invitar antes de darte por vencida. En parte, depende de lo que la persona te diga. Si te dice que ya está saliendo con alguien o que simplemente no está interesado, eso es bastante claro y no lo debes invitar más. Pero si te dice, "lo siento, estoy ocupado", no es mala idea intentar otra vez. Quizá el chico quiere salir contigo pero realmente está ocupado. Pero si sigues tratando y recibes este tipo de respuesta todo el tiempo, te aconsejo que digas algo así como: "Me encantaría que me llames cuando tengas tiempo", y nada más. Entonces, el chico puede escoger si aceptar la invitación o no.

Y si has invitado a varias personas diferentes y todas te han dicho que "no", quizá te sientas desanimada. Tal vez sientas que hay algo malo y horrible en ti y por eso nadie te va a decir que "sí". Pero antes de deprimirte y desanimarte, piensa. ¿A quién has invitado? ¡Tal vez no eran las personas correctas! ¿Sólo invitas a los chicos más guapos y populares? Si es así, eso puede ser parte del problema. Por un lado, los chicos más guapos y populares ya tienen muchas invitaciones. Tienes mejores posibilidades si invitas a alguien menos popular y no tan guapo. Además, el hecho de que alguien sea popular o guapo no significa necesariamente de que salir con ellos va a ser súper divertido. Lo más importante es que sea simpático. ¿Te sientes a gusto con él? ¿Se divierten juntos? Las cualidades internas de una persona son mucho más importantes que ser popular o atractivo.

También debes preguntarte qué tan bien conoces a la persona que estás invitando. Si estás invitando a alguien que apenas conoces, puede que por eso te diga que no. Date tiempo para conocer a alguien y dale tiempo para que te conozca. Entonces, las probabilidades de que acepte cuando lo invites a salir serán mayores.

También puede ser útil que un amigo mutuo sondee la situación antes de que lo invites a salir. Tu amigo te puede dar una idea de cómo responderá la persona. Si no hay interés, te evitará la decepción del rechazo. Además, puedes preguntarles a tus amigos a quién debes invitar a salir. A la gente le encanta emparejar a los demás. Tus amigos pueden tener en mente alguien en quien tú no habías pensado. Incluso puede que sepan de alguien ¡que se muera por salir contigo! O sea que no dudes en pedirles ayuda a tus amigos.

¿Qué pasa si tú quieres salir con chicos y tus papás se oponen?

Los jóvenes usualmente manejan esta situación de alguna de estas tres maneras: (1) Salen sin que sus padres sepan. (2) Obedecen a sus papás y esperan a tener la edad que sus padres consideran suficiente. (3) Tratan de convencer a sus padres de que cambien de opinión. Veamos cada una de las tres opciones.

Salir a escondidas no es una buena idea. Si te descubren, puedes meterte en problemas. Además, tus papás ya no confiarán en ti en el futuro. Incluso si no te descubren, puede que te sientas culpable de mentir. Y el sentimiento de culpa no es divertido. Al final, hacer cosas a escondidas no vale la pena.

Por otro lado, puede ser muy difícil obedecer a tus papás y esperar hasta ser mayor. Es especialmente difícil si hay alguien especial con quien quieres salir. Pero usualmente, los padres no quieren ser malos ni injustos. Están tratando de protegerte de "que te llenes la cabeza" con cosas para las que estás demasiado chica. Y cabe la posibilidad de que tengan razón. Si tus padres te dicen que "no", hazte las siguientes preguntas: ¿La mayoría de tus amigas ya está saliendo con chicos? ¿Realmente me perdería algo importante si espero hasta ser mayor?

Si respondes francamente estas preguntas con un "no", entonces tal vez esperar sea la mejor opción. Pero quizá pienses que tus padres son demasiado estrictos o anticuados. En este caso, tal vez sería bueno considerar la tercera opción: hacerles cambiar de opinión.

Puede que esto no sea fácil, pero vale la pena intentar. Para empezar, averigua exactamente por qué tienen estas reglas. ¿Qué les preocupa? Una vez que los hayas escuchado, pueden llegar a un acuerdo. Si, por ejemplo, tus padres piensan que eres demasiado joven para salir sola con un chico, tal vez te dejen salir en citas en grupo. Y si no te permiten ir al cine con un muchacho, tal vez te dejen ir a una fiesta con chicos y chicas o te permitan invitar a alguien a tu casa.

EL AMOR

Muchos jóvenes se enamoran o, por lo menos, piensan que están enamorados. ¿Pero cómo saben si se trata de verdadero amor?

Las emociones no se pueden pesar ni medir. Cada persona tiene una idea diferente de lo que significa enamorarse. Entonces, no te podemos decir exactamente lo que es el amor verdadero, pero podemos compartir contigo lo que pensamos al respecto.

Creemos que es importante reconocer las diferencias entre atracción y amor verdadero. La atracción puede ser un sentimiento intenso y emocionante (y a veces confunde e intimida), como fuegos artificiales. La atracción puede embargarte de tal manera que es difícil pensar en otra cosa. A veces la gente confunde atracción con amor, especialmente porque ambos empiezan de la misma manera. Pero no es lo mismo. La atracción no suele durar tanto. El verdadero amor suele durar. Además, la atracción no requiere que conozcas mucho a la persona, pero con el verdadero amor debes conocer muy bien a la persona (sus cualidades y defectos). La atracción puede suceder de la noche a la mañana. El verdadero amor toma tiempo. Puede que inicialmente hubo atracción y luego eso creció y se convirtió en verdadero amor. O es posible que la atracción se desvanezca y te das cuenta de que realmente no son tal para cual.

Tu relación puede empezar con los fuegos artificiales de la atracción o puede desarrollarse lenta y gradualmente. En ambos casos, tarde o temprano, llega el momento en que la cuestión del amor aparece. Uno de ustedes o ambos se preguntará si esta relación realmente es buena. Durante esta etapa de cuestionamiento, puede que decidan terminar la relación. En nuestra opinión, sólo después de haber pasado por esta etapa de cuestionamiento y así y todo deciden continuar juntos, se puede decir que realmente están por el camino del verdadero amor.

DECISIONES SOBRE CÓMO MANEJAR TUS SENTIMIENTOS ROMÁNTICOS Y SEXUALES

Los jóvenes a menudo tienen que tomar decisiones sobre cómo manejar sus intensos sentimientos románticos y sexuales. Cuando dos personas se sienten atraídas, es natural que quieran tener contacto físico. Tener contacto físico puede significar algo tan simple como tomarse de la mano o despedirse con un beso al terminar una cita. O puede significar más que eso. El contacto físico incluso puede incluir algo muy íntimo como tener relaciones sexuales. Algunas personas responden las preguntas acerca de cómo manejar sus sentimientos románticos y sexuales en base a lo que piensan que hace todo el mundo. A menudo están equivocadas acerca de lo que hace todo el mundo. Además, sólo porque todos lo hacen no significa que sea lo mejor para ti.

Otros jóvenes simplemente obedecen lo que les dicen sus padres o su religión acerca de lo que es correcto o incorrecto, sin pensar mucho en ello. Por favor, no malinterpreten lo que estoy diciendo aquí. No estamos diciendo que no debes obedecer lo que te dicen tus padres o tu religión. De hecho, pensamos que los padres y las religiones tienen consejos excelentes que vale la pena seguir. Pero hemos descubierto que los jóvenes que aceptan lo que les han enseñado, sin cuestionar, a veces se topan con problemas. Cuando se encuentran en situaciones románticas, a menudo no pueden cumplir las reglas que les han enseñado. Estas reglas se desvanecen ante la enorme presión de las sensaciones sexuales. A veces, creemos que esto sucede porque, para comenzar, no habían hecho suyas las reglas.

Muchos jóvenes, tal vez todos, no están seguros de lo que está bien o está mal. Buscan respuestas para poder decidir hasta dónde llegar. Si hubiera una sola respuesta en la que todos estuviesen de acuerdo, sería muy fácil. Bastaría con darte la respuesta. Pero no es tan simple. Cada persona tiene una idea diferente sobre este tema. Por eso, en clase, especialmente en clases para chicos y chicas mayores, usualmente dedicamos bastante tiempo a este tema. Hablamos de cómo tomar decisiones acerca de los sentimientos románticos y sexuales. Les explicamos por qué se siente de esa manera, sin tomar partido.

Sólo cuando hayas meditado y decidido tú misma cuáles reglas seguir, esas reglas serán parte de tu ser. Y sólo cuando esas reglas sean parte de tu ser, se convertirán en reglas que puedes cumplir.

En lo que respecta a decisiones sobre el sexo, hay mucho que considerar. No hay suficiente espacio aquí para cubrir todo lo que necesitas saber. Por ejemplo, no puedes tomar decisiones responsables acerca de relaciones sexuales sin estar bien informada sobre el control de la natalidad y las enfermedades de trasmisión sexual. (Ver los recuadros en las páginas 226, 227 y 228.) Pero antes de abandonar este tema del todo, nos gustaría contestar un par de preguntas que se hacen frecuentemente en clase.

Quiero tener novia, ¿pero alguien de mi edad (once) es suficientemente mayor para tener relaciones sexuales?

Tengo doce y me gusta un chico de mi clase, y yo también le gusto. Pero tengo miedo de las relaciones sexuales. ¿Qué debo hacer?

Usualmente son los chicos y chicas más jóvenes los que hacen este tipo de preguntas. La primera vez que escuché preguntas así, me chocó un poco que a esa edad preguntaran si ya estaban listos para tener relaciones sexuales.

Pero después de hablar más con estos jovencitos que hacían este tipo de preguntas, comprendí por qué las hacían. Y a menudo era porque tenían ideas equivocadas sobre el contacto físico. Algunos pensaban que besarse o acercarse físicamente de otras maneras sucede inmediatamente después de que sales con alguien. Otros pensaban que en una cita, lo menos que debes hacer es despedirte con un beso y tal vez dar un paso más. Otros incluso pensaban que tener novio significaba automáticamente tener relaciones sexuales con esa persona.

Esto no es verdad, pero es fácil saber de dónde sacan los chicos estas ideas erradas. En los libros, pareciera que si dos personas se conocen en una página, están besándose apasionadamente en la página siguiente. En las películas, a veces parece que basta que dos personas totalmente desconocidas se miren para que, en la escena siguiente, estén juntos en la cama.

Por favor, no te confundas con lo que ves en libros, la televisión o las películas. Salir con alguien o tener novio no significa que van a tener relaciones sexuales; ni siquiera que se van a besar. Si sales con alguien, al fin y al cabo, es para tener la oportunidad de conocer a la persona con la que sales. Una vez que se conocen mejor, puede que no quieras tener una relación romántica o sexual con él. Y por sobre todas las cosas, recuerda que en cuestiones de romance y sexo, tú decides. No tienes que hacer nada que no te haga sentir bien.

¿Está bien besarse en la primera cita?

¿Está mal tocarse?

¿Cómo sé si algo es "demasiado"?

¿Cuándo debemos decir "hasta aquí llegué"?

Como explicamos antes, si todos estuvieran de acuerdo en esto, éstas serían preguntas muy fáciles de responder, pero por supuesto, hay todo tipo de opiniones. Por ejemplo, hay quienes piensan que besarse en la primera cita no es correcto, y para otros está perfecto. Hay quienes piensan que tocarse está bien. Otros no. Algunos piensan que es un pecado ir más allá de tocarse. Otros no piensan que es inmoral, pero temen que los jóvenes se dejen llevar y terminen haciendo más de lo que realmente querían hacer.

La situación personal tiene mucha influencia en las respuestas de los jóvenes al tipo de preguntas que se mencionan arriba. Los valores de sus padres, las opiniones de sus amigos, las enseñanzas de la región, sus convicciones morales y sus propias emociones son todas importantes. Estas influencias nos afectan de manera diferente, pero creemos que las siguientes ideas pueden ayudar a cualquiera que tenga estas preguntas:

- No dejes que nadie te presione, ya sea con besos con lengua, caricias o ir más lejos. Haz solamente lo que estás realmente segura que quieres hacer. Al fin y al cabo, tienes muchos años por delante; puedes darte el lujo de esperar hasta que estés segura.

- Piensa en los sentimientos que tienes hacia esa persona ¿Confías en él? ¿Va a contar chismes o difundir rumores sobre ti? ¿Estás haciendo esto porque realmente te interesa la persona o simplemente porque tienes curiosidad de probar estas cosas?

- ¿Estás tratando simplemente de probar que has crecido o estás tratando de ser más popular?

- No presiones a nadie a que haga algo que no quiere. Esta presión puede tomar la forma de un chico que persuade a una chica para que haga más de lo que realmente quiere. Pero los muchachos no son los únicos que ejercen presión. Una chica puede decirle a un chico que no es hombre si no la quiere besar o ir más lejos con ella.

- No caigas en las trampas de frases como "Si me quisieras, me dejarías tocarte"; "Si realmente te importara, no me dirías que no"; "Si tú no lo haces, puedo encontrar a alguien que lo haga" o "Todos los demás lo hacen". Si alguien te dice algo por el estilo, aprovecha la línea y dale una vuelta. Dile: "Si realmente te importara, no me presionarías".

Puede que todavía no estés segura de las decisiones que debes tomar y cómo manejar tus sensaciones sexuales. Que no te sorprenda. Hay tantos aspectos que considerar: la parte emotiva, física, espiritual y moral (para mencionar sólo lo básico). Siempre es buena idea posponerlo hasta que seas mayor, para darte tiempo de considerar todas estas cosas antes de decidir sobre el sexo.

Al final, por supuesto, tú eres la que decides. Pero puede que encuentres útil conversar esto con otros. No hagas como muchos jóvenes que automáticamente deciden que sus padres no son las personas adecuadas. Te sorprendería saber que tus padres también tuvieron que responder esas mismas preguntas cuando tenían tu edad. A menudo, los jóvenes saben que las opiniones de sus padres son mucho más tradicionales y estrictas que las suyas. Y por lo tanto, tal vez no quieran hablar con ellos sobre las decisiones sexuales. Pero incluso si es así, tus padres pueden tener buen motivo para tener esas opiniones. Incluso si no estás 100% de acuerdo con ellos, pueden decirte cosas que te sean útiles. También es bueno hablar con un tío, hermano o un amigo mayor.

SEXUALIDAD: TIMIDEZ/SENTIMIENTO DE CULPA

A pesar de no haber usado específicamente la palabra sexualidad, hemos hablado de sexualidad en todo este capítulo. De hecho, todo este libro es sobre sexualidad. Algunas personas creen que la palabra "sexualidad" sólo se aplica a las relaciones sexuales, pero también incluye tu actitud hacia el sexo en general, sensaciones sobre los cambios en tu cuerpo, fantasías románticas y sexuales, masturbación, juegos infantiles, sentimientos homosexuales, enamoramientos, abrazos, besos, tocarse y otro tipo de contacto físico.

Timidez

La mayoría de gente prefiere la privacidad y hasta siente timidez o vergüenza sobre algún aspecto de su sexualidad. Algunos jóvenes, por ejemplo, se vuelven muy pudorosos durante la pubertad y ya no se sienten cómodos de que sus familiares los vean desnudos. Algunos sienten vergüenza de responder o hablar sobre los cambios de su cuerpo. Otros sienten que su regla y sueños húmedos son cosas privadas. Puede que no quieran que sus familiares o amigos sepan que les pasan estas cosas.

CONTROL DE LA NATALIDAD

Si un hombre y una mujer quieren tener relaciones sexuales pero no quieren un embarazo, tienen que usar alguna forma de control de la natalidad. Algunas jóvenes creen que no pueden quedar embarazadas la primera vez que tienen relaciones sexuales. Esto no es verdad. Hay muchísimas mujeres que quedaron embarazadas la primera vez que tuvieron relaciones sexuales. Los jóvenes que han tenido relaciones sexuales por un tiempo sin que se produzca un embarazo desarrollan una falsa sensación de confianza. Creen que si hasta entonces no ha ocurrido, no pasará. Esto tampoco es verdad. De hecho, cuanto más tiempo una pareja tenga relaciones sexuales sin usar alguna forma de control de la natalidad, mayores las probabilidades de un embarazo. Algunas personas piensan que "esto no me puede pasar a mí". Creen que el embarazo les ocurre a otras personas. Nuevamente, no es verdad. Cualquier pareja que tiene relaciones sexuales sin usar anticonceptivos puede producir un embarazo, y en la mayoría de los casos, eso es lo que sucede, tarde o temprano.

Ahora que estamos hablando de cosas que no son verdad, tampoco es verdad que no quedas embarazada si saltas después de tener relaciones sexuales. Esto no "expulsa la esperma". No es verdad que una mujer no puede quedar embarazada durante su regla. No es ver-

También pueden ser tímidos con respecto a sus sentimientos o actividades románticas o sexuales. Algunas chicas no quieren divulgar que se han enamorado. Otras se avergüenzan de sus fantasías o sensaciones homosexuales. Para la mayoría, la masturbación es algo muy privado. Besarse, tocarse y otros tipos de contacto físico también pueden ser temas de los que algunas jóvenes no quieren hablar. Y si les avergüenza hablar de ello, ni hablar de hacerlo.

Algunas chicas se preocupan de sentir tanta timidez acerca de la sexualidad. Pero es completamente natural sentir timidez, vergüenza de la sexualidad o pensar que es algo privado. No significa que te ocurre algo malo. Sólo significa que ¡eres normal!

---

dad que las duchas vaginales eviten embarazos. Y no es verdad que una mujer no puede quedar embarazada si el hombre saca el pene de la vagina antes de eyacular. Durante una erección, el hombre produce unas cuantas gotas de fluido que le sale del pene. Este líquido puede contener esperma. Incluso si un hombre eyacula fuera de la vagina, puede haber dejado esperma en la vagina. Además, si eyacula cerca de la apertura de la vagina, los espermatozoides pueden entrar y nadar hacia la vagina.

Incluso si todavía no estás teniendo relaciones sexuales, es buena idea aprender sobre el control de la natalidad. Hay muchos métodos diferentes. La píldora anticonceptiva y el implante Norplant son dos de los mejores métodos para evitar un embarazo, pero requieren visitas al médico. Otros métodos se pueden comprar en la farmacia sin receta médica, pero no son tan eficaces como la píldora.

Los preservativos están hechos de látex y cubren el pene como un guante cubre un dedo. Evitan que el semen del hombre entre en la vagina durante la eyaculación. El preservativo o condón también protege contra enfermedades de trasmisión sexual. Y no se necesita receta médica para comprar condones.

Hay muchas opciones en lo que respecta al control de la natalidad. Es importante que estés bien informada para que escojas bien lo que mejor te acomode. Para mayor información, ver la sección de Recursos.

Sentimiento de culpa

Sin embargo, hay una gran diferencia entre timidez y sentimiento de culpa sobre la sexualidad. Algunos jóvenes no sólo sienten timidez, vergüenza o que es algo privado. Además se sienten culpa-

EL SIDA Y OTRAS ENFERMEDADES DE TRASMISIÓN SEXUAL

Si decides tener relaciones sexuales, también debes saber sobre enfermedades de trasmisión sexual. Las enfermedades de trasmisión sexual también reciben el nombre de STD (por sus siglas en inglés) o enfermedades venéreas. Son infecciones que usualmente se trasmiten de persona a persona por medio de contacto sexual. Hay varios tipos de STD. Los más comunes son gonorrea, sífilis, clamidia, verrugas genitales y herpes. La gonorrea, clamidia y sífilis tienen cura, pero si no se tratan prontamente, pueden causar serias enfermedades. No hay cura para el herpes y las verrugas genitales. El herpes causa defectos congénitos en bebés de algunas madres infectadas. Las verrugas genitales pueden incrementar las probabilidades de desarrollar ciertos tipos de cáncer.

Entre las enfermedades que se pueden trasmitir sexualmente, el SIDA (síndrome de inmuno-deficiencia adquirida) es la más seria. El SIDA ataca el sistema inmunitario del cuerpo y es incurable, pero se puede controlar siempre que tomes medicamentos.

Como las STD se trasmiten por contacto sexual, a menudo la gente se siente avergonzada de buscar tratamiento o decirles a sus parejas sexuales que pueden haberlas contagiado una STD. Antes de tener relaciones sexuales, debes aprender sobre los síntomas e indicios de las STD, cómo evitar infectarse con una STD, y qué hacer si te contagias. Para mayor información sobre STD, consulta la sección de Recursos.

bles, asqueados, sucios o se sienten mal respecto a algún aspecto de su sexualidad.

Cuando los jóvenes nos dicen que se sienten culpables, les sugerimos que se hagan la siguiente pregunta: ¿Me siento culpable por algo que es (o puede ser) dañino para mí u otros? Si la respuesta es no, les aconsejamos tratar de dejar atrás esos sentimientos de culpa. Por otro lado, si hay un daño de por medio, en ese caso, aconsejamos que dejes de hacer lo que te cause sentimientos de culpa. Además, haz las paces, de ser posible, y trata de no volverlo a hacer en el futuro.

Incluso si una persona ha herido a alguien, a menudo no es algo muy serio. Por ejemplo, quizá te sientas culpable porque has estado coqueteando con el novio de tu mejor amiga, pero esto realmente no es tan serio, al menos no tan serio como el tipo de situación que describió un muchacho de quince años. Se sentía culpable por haber presionado a su novia para que hicieran lo que ella realmente no quería hacer:

Su límite era tocarnos, porque hasta allí se lo permitía la moral. Yo la presioné e hice que... bueno, no llegamos a hacerlo, pero hicimos más de lo que ella quería. No la forcé ni nada. Pero sí la presioné. Ahora me siento como un pervertido y me doy cuenta de que ella tampoco se siente bien consigo misma. Ahora las cosas entre nosotros han cambiado. Nos hemos distanciado.

—EDUARDO, 15 AÑOS

Este muchacho hizo algo que afectó cómo se sentían él y su novia respecto a sí mismos. También afectó su relación.

En otros casos, el daño puede ser incluso más serio, como por ejemplo, si después de relaciones sexuales sin protección se produce un embarazo. En este caso, el daño causado es bastante serio. En general, cuanto más serio el daño, más difícil es abordar el sentimiento de culpa. Y aunque hayas cambiado tu conducta y hayas hecho lo posible por hacer las paces, esto no significa que te dejes de sentir culpable.

Es importante recordar que los seres humanos somos, después de todo, humanos. Todos cometemos errores. Si has hecho todo lo posible por cambiar y enmendar tu conducta, entonces trata de perdonarte a ti mismo y sigue con tu vida.

También queremos recordarte del hecho de que personas diferentes tienen ideas diferentes de lo que es o no es dañino, como por ejemplo es el caso de la masturbación, de la que muchas jóvenes tienen sentimiento de culpa. Personalmente, pienso que masturbarse es perfectamente normal y saludable. A menos que vaya en contra de los principios morales de una persona, usualmente les aconsejamos a los jóvenes que tienen sentimiento de culpa por masturbarse que traten de relajarse y que ya no se sientan culpables. Sin embargo, algunas personas ven las cosas de diferente manera. Creen que la masturbación es pecado e inmoral, y que las personas se hacen daño moral al masturbarse. Debido a estas creencias, su consejo es probablemente lo opuesto al nuestro. Les aconsejarían a los jóvenes que dejen de masturbarse.

La reacción a la sensación de culpa depende no sólo de cuán serio es el daño ocasionado, sino de la idea de lo que es o no es malo. También es posible que los jóvenes se sientan culpables de hacer algo que poca gente consideraría malo. Por ejemplo, una chica de dieciséis años nos escribió:

> Si un chico se despide de mí con un beso, me siento muy avergonzada, no al momento, sino después. Sé que no es normal sentirse culpable, pero así me siento. ¿Cómo puedo superar este sentimiento de culpa?
>
> —FRANCISCA, 16 AÑOS

Esta muchacha se siente culpable y avergonzada por recibir un beso de despedida. Y a juzgar por las cartas que recibimos, no es la única. Algunas chicas se sienten culpables sin haber hecho nada. Por ejemplo, nos contaron que no sólo se sienten tímidas y avergonzadas de tener su periodo, sino que se sienten mal de tener su periodo.

Los jóvenes pueden sentirse avergonzados o culpables de su sexualidad sin haber hecho nada malo. De ser así, puede ayudar que piensen por qué se sienten así. A menudo es porque una persona importante (quizá un padre) o un grupo (quizá religioso) le ha enseñado a sentirse así. Hubo una época en que mucha gente de nuestra sociedad tenía actitudes muy negativas sobre la sexualidad. En la época de tus bisabuelos, los pensamientos sexuales eran considerados inmorales, inspirados por el diablo. Los deseos sexuales eran considerados impuros o indecentes, especialmente en mujeres. Se consideraba anormales o pervertidas a las mujeres que tenían deseos sexuales o que disfrutaban del sexo. Mucha gente pensaba que incluso era un pecado que la gente casada tuviera relaciones sexuales, a no ser que estuvieran tratando de tener un hijo.

Por supuesto, los tiempos cambian y también las actitudes de la gente. Hoy, la mayoría de la gente en nuestra sociedad tiene actitudes más positivas sobre la sexualidad. Todavía algunas personas siguen teniendo actitudes negativas o parcialmente negativas sobre la sexualidad. Los padres que tienen estas actitudes se las trasmiten a sus hijos. Puede que los padres no digan expresamente "la sexualidad es mala", pero transmiten esas actitudes de otras maneras. Por ejemplo, un padre puede molestarse cuando un bebito se toca los genitales y le aparta las manos y hasta puede darle un manotazo. Esto le puede dar la idea al bebé de que los genitales son malos o sucios, y que es malo o incorrecto tocarlos. Cuando ese bebé crece, puede sentir vergüenza de la menstruación o sueños húmedos, o sentirse culpable de masturbarse.

Cuando lo ves de esta manera, realmente no es una sorpresa de que algunos chicos se sientan innecesariamente culpables sobre su sexualidad. Se sienten culpables incluso si no han hecho nada que los afecte a ellos o a otros. A estos jóvenes les puede ser muy difícil dejar de sentirse culpables. Pero el estar consciente de estos sentimientos puede ayudar. Las personas pueden y deben aprender a superar el sentimiento de culpa.

DELITOS SEXUALES

Cuando hablamos en clase sobre decisiones sexuales, a menudo encuentro preguntas sobre delitos sexuales en la caja de preguntas "Todo lo querías saber". Puede que tú también tengas preguntas al respecto.

Los padres no siempre hablan con sus hijos sobre delitos sexuales porque no los quieren asustar. Muchos padres evitan que sus hijos escuchen de esas cosas terribles para protegerlos. Es comprensible, pero la realidad es que los delitos sexuales ocurren. Pensamos que lo mejor para los jóvenes es que sepan sobre delitos sexuales para estar preparados para manejar una situación en que sean víctimas potenciales de un delito sexual.

Violación

Violar significa forzar a alguien a tener relaciones sexuales contra su voluntad. Puede pasarle a cualquiera: niños, adultos, personas de toda edad. Las víctimas, en su mayoría, son mujeres, y los violadores, en su mayoría, son hombres. Sin embargo, es posible que un muchacho o un hombre sea víctima de una violación. A veces, el violador de un hombre es otro hombre.

Si eres víctima de violación, lo más importante es conseguir ayuda de inmediato. Algunas víctimas de violación están tan afectadas que sólo van a su casa y tratan de olvidar el incidente. Pero la víctima de violación necesita atención médica lo más pronto posible. Incluso si la víctima parece no tener heridas serias, puede haber heridas internas que necesitan atención médica. La víctima también necesita exá-

menes médicos para asegurarse de que no se infectó con una enfermedad de trasmisión sexual. (Estos exámenes son una de las razones por
las que la víctima no debe bañarse ni ducharse antes de buscar atención médica.) Si la víctima es una adolescente, tal vez deba tomar la
píldora del día siguiente para evitar un embarazo. (Ha habido casos
de embarazos en niñas que no habían tenido su primer periodo.) Una
víctima de violación también necesita apoyo para recuperarse emocional y físicamente, y debe procurar ayuda para esto también.

Si eres víctima de violación, hay varias maneras de conseguir
ayuda. Puedes ir a la sala de urgencias del hospital o llamar al número
de emergencias 911, y la policía te llevará al hospital. Hay líneas tele-
fónicas de ayuda en caso de violación en la mayoría de los pueblos y
las ciudades. Puedes averiguar el número de una de estas líneas locales
de ayuda en el directorio telefónico o con el operador de informacio-
nes.

Abuso sexual de menores

El abuso sexual de menores puede consistir en muchas cosas, como
tocar, acariciar, manosear o besar los órganos sexuales o tener relaciones sexuales. El incesto es un tipo de abuso sexual. Sucede cuando un
miembro de la familia tiene actitudes sexuales con otro miembro de la
familia. Por otro lado, muchas veces entre hermanos se da una forma
de juego sexual cuando están creciendo. Puede ser "jugar al doctor" o
jugar a ser "mami y papi". Este tipo de juego sexual entre niños pequeños es muy común. Usualmente no se considera incesto y no es
dañino. Pero el contacto sexual entre hermanos mayores o con otros
familiares es incesto y puede ser muy dañino.

Muchas víctimas de incesto son muchachas cuyo abusador es su
padre, padrastro, hermano, tío u otro pariente. También es posible
que una parienta abuse de una muchacha. Los muchachos también
pueden ser víctimas de incesto. Cuando el incesto ocurre con un

chico, el abusador puede ser un pariente o parienta. El incesto puede ocurrirles a niños pequeños, incluso a bebés, y también a niños mayores y adolescentes.

El incesto no siempre recurre a la fuerza, como la violación. Una persona mayor en la familia puede presionar al niño a que haga cosas sexuales sin recurrir a la fuerza. Las víctimas de incesto en la mayoría de los casos están tan confundidas por lo que está sucediendo que simplemente no saben cómo ponerle un alto o evitar que vuelva a suceder.

El abuso sexual de menores sólo se considera incesto cuando el abusador es un pariente. Pero el abuso sexual también puede darse con un amigo de la familia, un maestro, un entrenador el novio de uno de los padres u otro adulto conocido por la víctima o por una persona totalmente desconocida. Tanto hombres como mujeres pueden ser víctimas de este tipo de abuso sexual.

Si eres víctima de abuso sexual, lo más importante es contarle a alguien. Esto puede ser difícil, especialmente si eres víctima de incesto.

Lo lógico es contarles a tus padres. (Por supuesto que en casos de incesto perpetrado por un padre, debes contarle a otra persona.) Sin embargo, a algunos padres les cuesta creerles a sus hijos en un principio. Si por alguna razón tus padres no te creen, puedes hablar con otro pariente, un tío, abuelo o hermano mayor, alguien que pienses que te puede creer. O le puedes contar a otro adulto, un maestro o consejero de la escuela, a un amigo de tus padres, al pastor de la iglesia, al rabino o a cualquier otro adulto en quien confíes.

También puedes llamar a la línea telefónica de ayuda para casos de abuso de menores. El teléfono está en la sección de Recursos. Las personas que contestan el teléfono están especialmente capacitadas y comprenden por lo que estás pasando. (Algunas han sido víctimas de abuso.) No tienes que dar tu nombre, y lo que digas es confidencial, de modo que no dudes en llamar.

A las víctimas de incesto y otros tipos de abuso sexual de menores a menudo se les hace difícil contarle a alguien. A veces la persona que cometió el crimen le ha hecho prometer a la víctima que guardará el secreto. Pero hay algunas promesas y algunos secretos que la persona no necesita guardar y éste es definitivamente uno de ellos. O las víctimas tienen dificultad para contarle a alguien porque piensan que, de alguna manera, lo que sucedió es su culpa. Creen que ellos tienen la culpa porque no evitaron que sucediera, pero no es verdad. La persona mayor es siempre la que tiene la culpa en estos delitos. La víctima no tiene la culpa y no hizo nada malo. Algunas víctimas no cuentan porque tienen temor de que la persona les haga daño o se vengue si lo hacen. Pero la policía y otras autoridades harán lo posible por proteger a la víctima.

Las víctimas de incesto a veces dudan de contar porque no quieren que la persona que cometió el crimen tenga problemas con la policía. A pesar de que la mayoría de las víctimas aborrece lo que les han hecho, de todos modos no quieren ver a un familiar en la cárcel. Aunque la participación de la policía sea una idea horrenda, es mejor para todos al final. Y protegerá a otros hermanos que también pueden estar siendo víctimas de abuso. Además, quienes cometen incesto no siempre van a prisión. Si es posible, el juez hace que la persona reciba tratamiento siquiátrico y, al mismo tiempo, se asegura de que la víctima esté protegida de cualquier abuso.

Algunas víctimas de abuso no cuentan lo que sucede porque temen que la familia se separe. Temen que sus padres se divorcien o que las cosas se pongan peor de lo que están. Pero si el incesto continúa, las cosas ya no pueden estar peor. La víctima y los demás miembros de la familia también necesitan ayuda para afrontar la situación. Sin embargo, nadie puede conseguir la ayuda que necesita a menos que la víctima tenga el valor de dar el primer paso y contarle a alguien.

Las víctimas de incesto y otros tipos de abuso sexual, en su mayoría, sienten una mezcla de ira, humillación y vergüenza. Esto también puede dificultar que decidan contarle a alguien. Pero tienes el derecho de protegerte de todo abuso. Así que aunque te sientas avergonzada, es importante contarle a alguien. Realmente es lo mejor para todos.

Si has sido víctima de abuso, puede que te preocupe lo que sucederá cuando crezcas y escojas empezar a tener relaciones sexuales. Muchas víctimas se preocupan de que sus futuras parejas sexuales se den cuenta de que fueron víctimas de abuso. Pero eso no ocurre. Nadie puede darse cuenta del abuso a menos que escojas contarle a esa persona.

El abuso no afecta tu capacidad sexual, pero el abuso tiene efectos emocionales a largo plazo. Si has sido víctima de abuso, te aconsejamos que recibas ayuda profesional para que te recuperes emocionalmente. (Puedes llamar al número telefónico de ayuda que aparece en la sección de Recursos para encontrar consejeros profesionales donde vives.)

PALABRAS FINALES

Como sabes, numerosos cambios físicos tienen lugar en el cuerpo durante la pubertad. Para la mayoría de nosotras, estos cambios físicos están acompañados de cambios emocionales. Por ejemplo, podemos sentirnos muy alegres, muy orgullosas y emocionadas por el hecho de que estamos creciendo y haciéndonos adultas. Pero junto con estos sentimientos positivos, la mayoría de nosotras experimenta sentimientos que no son tan agradables de vez en cuando, durante la pubertad. No es raro que a las jóvenes les den épocas de depresión o desánimo, algunas veces sin razón aparente. Tal vez parte de la razón por la cual tenemos esos sentimientos son las nuevas hormonas que esta produciendo nuestro cuerpo. Toma tiempo que nuestro cuerpo se adapte a estas hormonas, y algunos médicos creen que los altibajos emocionales que experimentan muchas personas se deben, al menos en parte, a cambios hormonales. Pero sin duda, hay algo adicional. No sólo nos está cambiando el cuerpo. Está cambiando nuestra vida entera. A veces, todos estos cambios deben parecerte un poco abrumadores y te puedes sentir insegura, atemorizada, ansiosa o deprimida.

Una muchacha nos escribió a mi hija y a mí después de leer el libro de las muchachas sobre la pubertad, expresando algo que les pasa a muchos chicos. Dijo:

> Estoy pasando por la pubertad y tengo un poco de miedo. Todos dicen que es algo normal sentirse así, pero cada vez que me estoy sintiendo bien, repentinamente me viene una depresión y ya no quiero crecer más. No quiero ser mayor y correr el riesgo de violaciones, enfermedades, muertes, etc.
>
> También estoy en mi primer año de la escuela media y tengo mucho miedo. No estoy segura de estar lista para hacerle frente a todos los cambios.

Es normal tener este tipo de sentimientos. Si sabes que otras muchachas de tu edad sienten lo mismo, eso no te será una pastilla mágica que te hará sentir mejor, pero te puede ayudar a saber que, al menos, no estás sola.

Algunas veces, los jóvenes se preocupan porque sienten la presión de crecer de una vez por todas. Un muchacho lo puso así.

> Todos los que conozco están tratando de crecer lo más rápido posible. ¿Cuál es el apuro? Yo no tengo ninguna prisa. Me quiero tomar mi tiempo. Estoy cansado de que todos actúen como adultos todo el tiempo.

Y a veces, la idea de ser mayor y más independiente puede ser motivo de temor. Como lo explicó un muchacho:

Bien, o sea que ahora, de buenas a primeras, se supone que debo crecer y tener todas estas responsabilidades de adulto. Pero no estoy listo para estas responsabilidades y tomar todas estas decisiones. En unos años, voy a ir a la universidad, conseguir un empleo y vivir solo, y ni siquiera sé lo que quiero hacer y si realmente puedo hacerlo solo. Algunas veces simplemente quiero seguir siendo niño.

Sin embargo, hay veces en que sentimos que la gente que nos rodea, especialmente nuestros padres, nos impide crecer con la rapidez que quisiéramos. Una adolescente expresó su punto de vista:

Algunas veces realmente odio a mis padres. Me tratan como una niñita. Me quieren decir qué ponerme, cómo peinarme, dónde ir y con quién, a qué hora llegar a casa y bla, bla, bla. Siempre están molestándome. Es como si quisieran que siguiera siendo "su nenita" para siempre y no me dejan crecer.

Pasar por la pubertad y la adolescencia no significa necesariamente que tú y tus padres van a tener problemas y que no se van a llevar bien, pero la mayoría de las adolescentes tiene por lo menos unos cuantos conflictos con sus padres. De hecho, a veces pareciera que es una guerra declarada. Estos conflictos entre adolescentes y sus padres tienen que ver con los cambios que ocurren en la relación entre padre e hijo durante estos años. Cuando somos bebés, no podemos alimentarnos solos, ni cambiarnos, ni ir solos al baño. Nuestros padres tienen que alimentarnos, vestirnos y cambiarnos los pañales; dependemos de ellos para todo. La labor de los padres es enseñarnos cómo cuidarnos para que, cuando llegue el momento, seamos capaces de mudarnos y vivir a solas. Y nos tienen que cuidar y proteger hasta que seamos suficiente mayores para hacer eso por nosotras mismas. Los chicos necesitan a sus padres, pero también quieren crecer, ser más independientes, cuidarse ellos mismos y tomar sus propias decisiones. Al inicio de la adolescencia, todavía eres muy dependiente, pero en pocos años dejarás tu casa para ir a la universidad o tener tu propio empleo. Así que durante la adolescencia, tú y tus padres están terminando una relación en la que eras muy dependiente y tratando de establecer una nueva relación en la que eres totalmente independiente.

No es fácil dejar atrás la vieja y conocida forma de llevar esa relación para crear una nueva. Los padres están acostumbrados a mandar y tomar decisiones. Puede que continúen diciéndote cómo vestirte y peinarte, qué hacer y cuándo, incluso después de que tú sientes que eres lo suficiente mayor para tomar esas decisiones por ti misma. Este cambio en la relación de dependencia a independencia rara vez es fácil, y mucho del estrés, ira y otros sentimientos negativos que experimentes durante la adolescencia tiene que ver con la relación que lleves con tus padres.

Nuestras relaciones con nuestros amigos también cambian durante estos años, y otra vez, estos cambios pueden causar cierta incertidumbre, confusión, depresión u otras emociones difíciles. Es probable que empieces la escuela media y que vayas a una escuela nueva, donde tienes que hacer nuevas amistades, y ya no vas a ver a todos tus antiguos amigos. Dejar amistades y hacer nuevas amistades no es fácil. En estos años, ser parte de un grupo se convierte en una parte muy importante de tu vida. Puede hacerte las cosas más fáciles y más divertidas. Pero los grupos también crean problemas. Puede ser que no te acepten en cierto grupo a pesar de que te encantaría unirte a ellos. Entonces surgen sentimientos de aislamiento o exclusión que te pueden entristecer mucho. Incluso si te acepta el grupo, puedes encontrarte con problemas. Ser parte de un grupo puede tener muchas recompensas porque nos ayuda a sentir que realmente pertenecemos a algo, a sentirnos más aceptadas, menos solas e inseguras. Pero a veces ser parte de un grupo tiene "costos". Tal vez tengamos que actuar de cierta manera o hacer ciertas cosas sobre las que no nos sentimos bien con el fin de ser parte del grupo. Esto es lo que dicen algunas muchachas sobre esto:

Realmente quiero ser parte de uno de los grupos de chicas populares en la escuela. Pero hacen algunas cosas que no me gustan. Siempre se están burlando de las personas que no son parte del grupo, con bromas o comentarios y otras cosas cuando alguien así está al frente de la clase y habla. Realmente quiero ser aceptada y no tengo que hacer lo que hacen para ser aceptada. Pero si lo hiciera, no me sentiría bien conmigo misma.

—MARGARITA, 14 AÑOS

Detesto la escuela, porque o actúas de cierta manera o eres invisible. Igual en clase, si tienes ideas diferentes a las de la mayoría, no las puedes decir, de lo contrario te contestan mal o te ponen por el suelo. Tienes que hacer y decir lo mismo que todos o no cuentas.

—TOMÁS, 13AÑOS

Mis amigas me pueden convencer de hacer cosas que realmente no quiero hacer. Soy parte del grupo más popular de la escuela, pero los miembros toman bebidas alcohólicas y a veces consumen drogas, porque es "chévere". Mis padres me matarían si supieran lo que hago y, realmente, a mí no me gustan esas cosas, pero las hago por ser parte del grupo.

—SARA, 15 AÑOS

Crecer de verdad que es una combinación de experiencias muy diversas. Por un lado, hay muchas cosas emocionantes cuya llegada anticipamos; por otro lado, hay muchos cambios, cambios físicos, cambios de vida, cambios en nuestras relaciones con nuestros padres, nuestros amigos y con el sexo opuesto. Probablemente, en algún momento de la historia, hubo alguien que pasó por la pubertad y la adolescencia sin ningún problema, pero no apostaríamos mucho dinero en ello. Si eres como la mayoría de los chicos, tendrás problemas en la época de los cambios emocionales y físicos de la pubertad. Esperemos que este libro te ayude a enfrentar esos problemas. Pero este libro es sólo el comienzo. Hemos incluido una sección de Recursos al final del libro que pensamos que encontrarás útil.

SECCIÓN DE RECURSOS

En esta sección encontrarás libros, páginas web, líneas de información y organizaciones con las que te puedes poner en contacto para obtener ayuda con respecto a los temas tratados en este libro. Los recursos están organizados bajo los siguientes encabezamientos:

- Control de la natalidad, SIDA y enfermedades de trasmisión sexual

- Asesoría y terapia

- Trastornos de la alimentación: anorexia, bulimia, comer en exceso y

síndrome de la atleta

- Jóvenes homosexuales

- Productos para la protección menstrual

- Recursos para padres y maestros

- Acoso y abuso sexual

UNA NOTA SOBRE EL INTERNET

Las fuentes en esta sección incluyen páginas web y direcciones de correo electrónico. Todos nosotros, especialmente los jóvenes, debemos tener cuidado al usar el Internet. Hay páginas "para adultos solamente" con contenido lascivo y ofensivo. Si vas a entrar a un sitio así, sal de allí. Muchas páginas en realidad son negocios que están tratando de hacer que gastes dinero. *O sea que nunca le proporciones a una página web un número de tarjeta de crédito sin obtener primero el permiso de tus padres. Tampoco llenes cuestionarios que te pidan información* personal como tu edad, número de teléfono y dirección.

Puedes hablar directamente con otra gente por medio de sitios de *chat* en Internet y mensajes electrónicos. A muchas personas les parece una manera entretenida de intercambiar correspondencia con otras personas. Pero esto puede ser peligroso. Recuerda que las personas que conoces y con las que hablas por Internet son completos extraños. Posiblemente no sean lo que dicen ser. A continuación encontrarás reglas de sentido común para evitar estos problemas.

- Nunca des tu apellido, dirección, contraseñas de páginas web, número de teléfono o de tarjeta de crédito a alguien con quien conversas por Internet. No le digas a nadie a qué escuela, iglesia o templo vas, dónde pasas el tiempo o cualquier otra información que podría ayudar a alguien a encontrarte. Deja de comunicarte de inmediato con alguien que pida este tipo de información.

- Nunca aceptes reunirte con alguien con quien conversas por Internet.

- Deja inmediatamente de escribirle a cualquier persona que use lenguaje "sucio" o te haga sentir incómoda de cualquier manera.

- Si estás molesta o intrigada por algo que pasa por Internet, habla al respecto con tus padres o cualquier otro adulto en el que confíes.

El Internet es una fuente fabulosa de información. O sea que sigue las reglas y no te arriesgues.

CONTROL DE LA NATALIDAD, SIDA Y ENFERMEDADES DE TRASMISIÓN SEXUAL

Libros

Changing Bodies, Changing Lives: A Book for Teens on Sex and Relationships por Ruth Bell y otros (Random House, 2005).

Éste es un libro fabuloso para adolescentes mayores. Hay capítulos excelentes sobre el control de la natalidad y las enfermedades de trasmisión sexual. (Asegúrate de obtener la cuarta edición, publicada en 2005, para que tengas la información más actualizada.) Este libro también trata una gran variedad de temas, entre ellos la sexualidad, los trastornos de la alimentación, el consumo de sustancias nocivas, el cuidado de la salud emocional y las prácticas sexuales más seguras.

Planned Parenthood (oficina nacional)
434 West 33rd Street
New York, NY 10001
Teléfono: 212-541-7800
Línea de información: 800-230-7526
Página web: www.plannedparenthood.org

Planned Parenthood también tiene sucursales en todo el país. Ofrecen control de la natalidad, pruebas de embarazo, tratamiento para enfermedades de trasmisión sexual y servicios de aborto, o te remiten a otros profesionales y otros servicios e información sobre la salud reproductiva. Puedes llamar a su teléfono gratuito para averiguar sobre una clínica cercana. O busca en las páginas amarillas bajo el título *"family planning"* o *"birth control"*. Incluso si no hay una clínica de Planned Parenthood cerca de ti, estos títulos incluyen listas de clínicas que ofrecen servicios similares a adolescentes.

ASESORÍA Y TERAPIA

No tienes que enfrentar situaciones emocionales difíciles sola. Es mucho más fácil hacerles frente a las situaciones difíciles cuando recurres a otros para obtener ayuda. Hay muchas maneras de encontrar gente dispuesta a escucharte y ayudarte. Puedes hablar con tus padres o un familiar, amigo, maestro, rabino, pastor o sacerdote.

También hay muchas maneras de buscar ayuda profesional en tu zona. Éstas son algunas de ellas:

- Llama a una línea de información: Busca en las páginas blancas bajo los siguientes títulos: *Teenline, Helpline, Talkline, Crisis Hotline, Crisis Intervention Services* y *Suicide Prevention.* Si no puedes encontrar una línea apropiada de información de esta manera, llama a la estación de policía o algún centro para adolescentes para obtener el número de una línea de información. (No es necesario que des tu nombre.) Si vives en una comunidad pequeña sin una línea de información, prueba la guía de teléfono de una ciudad grande cercana.

- Comunícate con una clínica para adolescentes: Las clínicas para adolescentes a menudo prestan servicios de asesoría. Busca en las páginas amarillas bajo *Clinics.* Si vives en una comunidad pequeña sin clínicas para adolescentes, prueba la guía de teléfono de una ciudad grande cercana.

- Llama a tu iglesia o templo: Pídele a tu pastor, sacerdote, rabino o director de actividades juveniles que te recomiende a un terapeuta o asesor.

- Llama a una estación de radio: Es posible que las estaciones de radio con una audiencia compuesta mayormente por adolescentes o que tengan programas de entrevistas dirigidos a los adolescentes te puedan recomendar un servicio de asesoría. No es necesario que salgas al aire; simplemente llámalos y diles que necesitas ayuda.

- Pregúntale a tu médico de cabecera: Tu médico de cabecera probablemente pueda recomendar a un terapeuta cerca de donde vives.

- Comunícate con un centro de salud mental: Los centros de salud mental usualmente ofrecen servicios a adolescentes. Busca en las páginas amarillas bajo *Clinic* o *Health Services*. También busca en las páginas blancas bajo servicios del condado.

- Llama a la *American Psychological Association:* Esta organización te remitirá a un sicólogo cerca de donde vives. Ésta es su línea de información sobre profesionales locales: 800-964-2000.

TRASTORNOS DE LA ALIMENTACIÓN: ANOREXIA, BULIMIA, COMER EN EXCESO Y SÍNDROME DE LA ATLETA

National Eating Disorders Association

603 Stewart Street, Suite 803
Seattle, WA 98101
Teléfono: 800-931-2237
Correo electrónico: info@nationaleatingdisorders.org
Página web: www.nationaleatingdisorders.org

La NEDA proporciona información y te remite a grupos de apoyo y tratamiento para la anorexia, bulimia y trastornos de alimentación en exceso. Para información sobre recursos en tu zona llama al número de arriba o visita la página web y pulsa en *"Treatment Referrals"*. También puedes solicitar información sobre profesionales en tu área por correo electrónico. Incluye tu estado, código postal y el nombre de la ciudad más cercana.

National Association of Anorexia Nervosa and Associated Disorders (ANAD)

P.O. Box 7
Highland Park, IL 60035
Línea de información: 847-831-3438
Correo electrónico: anad20@aol.com
Página web: www.anad.org

La ANAD es la organización sin fines de lucro más antigua que ayuda a las víctimas de trastornos de la alimentación y sus familiares. Ofrece asesoría e información por teléfono y correo electrónico. (Pero las llamadas a su línea de información no son gratuitas.)

Además, la ANAD ofrece información gratuita sobre terapeutas y programas de tratamiento en todo Estados Unidos y opera una red de grupos de apoyo para quienes padecen de trastornos y sus familiares. La organización publica un boletín informativo trimestral y envía información específica cuando se solicite.

Overeaters Anonymous (OA)

P.O. Box 44020
Rio Rancho, NM 87174
Correo electrónico: info@oa.org
Página web: www.oa.org

OA es un grupo de autoayuda que se basa en el mismo programa de 12 pasos de Alcohólicos Anónimos. No se cobra ninguna cuota ni tarifa para afiliarse ni asistir a las reuniones. Su página web contiene información sobre OA y te ayudará a encontrar un punto de reunión cercano. También puedes enviarles un mensaje electrónico con cualquier pregunta que tengas. O llama a la sucursal más cercana de OA para obtener información y el horario de reuniones locales. (Busca en las páginas blancas bajo *Overeaters Anonymous*.)

American College of Sports Medicine (ACSM)

Public Information Department
P.O. Box 1440
Indianapolis, IN 46206
Teléfono: 317-637-9200
Página web: www.acsm.org

Puedes obtener una copia gratis del folleto de la ACSM sobre el síndrome de la atleta si escribes a la dirección de arriba. Incluye un sobre tamaño comercial con estampillas suficientes para dos onzas.

JÓVENES HOMOSEXUALES

Libros

Young, Gay and Proud por Don Romesburg (Alyson Publications, cuarta edición, 1995).
Ésta es una excelente fuente para los jóvenes que están aceptando su sexualidad.

Campaign to End Homophobia

P.O. Box 382401
Cambridge, MA 02238
Página web: www.endhomophobia.org

Esta organización publica dos excelentes panfletos: "I Think I Might Be Gay . . . Now What Do I Do?" y "I Think I Might Be a Lesbian . . . Now What Do I Do?" Puedes escribirles a la dirección de arriba para obtener una copia de cualquiera de los dos panfletos. (Incluye un sobre tamaño comercial con estampillas suficientes para dos onzas. Se reciben contribuciones a la campaña para sufragar el costo de producir y distribuir estos documentos.)

National Gay/Lesbian/Bisexual Youth Hotline: 1-800-347-TEEN
Se atiende esta línea de información para jóvenes gay, lesbianas y bisexuales de 7 p.m. a 11:45 p.m. (hora del este) de jueves a domingo.

Parents, Families, and Friends of Lesbians and Gays (PFLAG)
1726 M Street NW, Suite 400
Washington, DC 20036
Teléfono: 202-467-8180
Correo electrónico: info@pflag.org
Página web: www.pflag.org

PFLAG es una organización nacional de apoyo con sucursales en todo el país. Algunos de sus excelentes panfletos están disponibles en su página web. Su panfleto "Be Yourself" también se puede pedir por correo. Envía $2 por cada panfleto y solicita documentos gratis y una lista de publicaciones.

PRODUCTOS PARA LA PROTECCIÓN MENSTRUAL
Varios fabricantes de toallas higiénicas y tampones tienen páginas web donde puedes ver sus productos, y en algunos casos, pedir muestras gratis. Muchas tiendas de alimentos naturales venden productos alternativos para la menstruación como toallas higiénicas que se pueden volver a usar y tampones orgánicos o que no se han blanqueado con cloro. Estos productos también se pueden comprar por teléfono o por Internet, y se enumeran abajo.

Páginas web de fabricantes de toallas higiénicas y tampones
Kimberly-Clark (Toallas higiénicas Kotex, toallitas protectoras Lightdays, y tampones Security)
Página web: www.kotex.com/na

Playtex (Tampones Sport, Beyond y Gentle Glide)
Página web: www.playtexproductsinc.com/femcare

Johnson & Johnson (Toallas higiénicas Stayfree,
toallitas protectoras Carefree y tampones o.b.)

Páginas web:　　www.stayfree.com
　　www.carefreeliners.com
　　www.obtampons.com

Procter & Gamble (Tampones Tampax y toallas higiénicas Always)

Páginas web:　　www.tampax.com
　　　　www.always.com

Productos alternativos para la menstruación

GladRags
P.O. Box 12648
Portland, OR 97212
Teléfono: 800-799-4523
Correo electrónico: info@gladrags.com
Página web: www.gladrags.com

Esta compañía vende toallas higiénicas de algodón que se pueden volver a usar y
otros productos alternativos para la menstruación.

Many Moons
Box 59
15-1594 Fairfield Rd.
Victoria, BC, Canadá V8S 1G0
Teléfono: 800-916-4444
Correo electrónico: manymoons@pacificcoast.net
Página web: www.pacificcoast.net/~manymoons

Esta compañía vende toallas higiénicas de algodón que se pueden volver a usar.

Natracare
14901 E. Hampden Ave.
Suite 190
Aurora, CO 80014
Teléfono: 303-617-3476
Página web: www.natracare.com

Natracare produce toallas higiénicas y tampones descartables producidos sin usar
cloro para blanquearlos.

Organic Essentials
822 Baldridge St.
O'Donnell, TX 79351
Teléfono: 800-765-6491
Página web: www.organiccottonplus.com

Esta compañía vende tampones de algodón orgánico y producidos sin usar cloro para blanquearlos.

RECURSOS PARA PADRES Y MAESTROS

Muchos de los recursos enumerados bajo otros títulos en esta sección también son útiles para padres y maestros. Bajo este título, hemos enumerado unos cuantos de nuestros recursos preferidos para padres y maestros.

Libros

From Diapers to Dating: A Parent's Guide to Raising Sexually Healthy Children por Debra W. Haffner (Newmarket Press, segunda edición, 2004).

Este libro está lleno de consejos y pautas sensatas que permitirán que los padres aborden inteligentemente una serie de asuntos sexuales.

Hostile Hallways: The AAUW Survey on Sexual Harassment in America's Schools (AAUW, 1993).

Ésta es la reveladora encuesta de la American Association of University Women sobre el acoso sexual en instituciones educativas.

How to Talk So Kids Will Listen and Listen So Kids Will Talk por Adele Faber y Elaine Mazlish (Perennial Currents, edición del vigésimo aniversario, 2004).

Enseña aptitudes básicas de comunicación que son sumamente valiosas para padres y maestros.

The Kinsey Institute New Report on Sex por June Reinisch con Ruth Beasley (St. Martin's Press, 1994).

Es un extenso recurso que contiene información básica sobre una variedad de temas, entre ellos la pubertad, anatomía y fisiología, salud sexual y sexualidad durante todo el ciclo de vida.

P.E.T.: Parent Effectiveness Training por el Dr. Thomas Gordon (Three Rivers Press, edición modificada, 2000).

Esta clásica guía enseña valiosas aptitudes de comunicación para padres y maestros.

ETR Associates

4 Carbonero Way
Scotts Valley, CA 95066
Teléfono: 800-321-4407
Página web: www.etr.org

ETR publica y distribuye información sobre sexualidad y educación sobre la salud para educadores y padres en libros, currículos, folletos, videos y otros recursos. Puedes examinar su catálogo o escribirles o llamarlos para pedirles un catálogo gratis.

National Dissemination Center for Children and Youth With Disabilities (NICHCY)

P.O. Box 1492
Washington, DC 20013
Teléfono: 800-695-0285
Correo electrónico: nichcy@aed.org
Página web: www.nichcy.org

NICHCY es un centro nacional de información y datos sobre profesionales médicos que proporciona informes sobre discapacidades y problemas relacionados con ellas para familias y educadores, lo que incluye recursos sobre la enseñanza de asuntos de sexualidad a niños con discapacidades. También puedes obtener respuestas personales a preguntas específicas por correo electrónico o teléfono.

Sexuality Information and Education Council of the United States (SIECUS)

130 W. 42nd Street, Suite 350
New York, NY 10036
Teléfono: 212-819-9770
Página web: www.siecus.org

El SIECUS es un grupo nacional de asesoría sobre educación sexual. Tienen gran variedad de información para padres y maestros. Algunas de sus excelentes bibliografías comentadas, hojas de datos y útiles folletos para padres están disponibles por Internet. También puedes escribir o llamar para pedir un catálogo de sus publicaciones.

ACOSO Y ABUSO SEXUAL

Childhelp® National Child Abuse Hotline

800-422-4453 (800-4-A-CHILD)
800-222-4453 (800-2-A-CHILD; TTY para sordos)
Página web: www.childhelp.org

Esta línea de información se atiende a toda hora y puede ayudar a jóvenes y padres con cualquier tipo de abuso, ya sea sexual, emocional o físico. Puedes hablar con una persona capacitada, ¡simplemente no cuelgues! No es necesario que des tu nombre. La línea de información también proporciona información y datos de expertos profesionales locales en asuntos de abuso infantil.

Equal Rights Advocates

1663 Mission Street, Suite 550
San Francisco, CA 94103
Teléfono: 415-621-0672
Fax: 415-621-6744
Línea de información: 800-839-4ERA
Página web: www.equalrights.org/publications/kyr/shschool.asp

La página web de esta organización proporciona excelente información para jóvenes y padres sobre el acoso sexual en las escuelas. También tienen una línea de información gratuita de asesoría. Puedes dejar un mensaje a cualquier hora y alguien te devolverá la llamada.

ÍNDICE

ACERCA DE LAS AUTORAS

LYNDA MADARAS es autora de doce libros sobre salud, cuidado de niños y el arte de ser padres. Es reconocida en todo el mundo por bibliotecarios, maestros, padres, enfermeros y médicos, y también los jóvenes, por su original estilo no intimidante, excelente organización y la profundidad con la que trata el tema de la experiencia adolescente. Fue maestra de salud y educación sexual de muchachos de ambos sexos en California durante más de veinticinco años. Realiza talleres para maestros, padres y bibliotecarios, y se ha presentado en *Oprah*, CNN, PBS y *Today*.

AREA MADARAS tenía apenas once años cuando ayudó a su madre con el primer libro *What's Happening to My Body?* Actualmente es consultora de comunicaciones y tiene dos hijos. Vive en California y continúa ayudando a su madre con la serie.